ABC Practice Tracing Book for Kids

By Jody Boyd Johnson

ABOUT THE AUTHOR

Jody Boyd Johnson was born in Jamaica and later moved to Florida, and then she moved to South Carolina. Where she met her husband, Kevin Johnson, and together they have built a family, which includes a son and several other wonderful children. Jody recently became a grandmother, celebrating the arrival of her first grandson.

Jody is a driven entrepreneur who, alongside her husband, runs a small business that reflects their shared vision and hard work. One of her greatest passions is growing "The Johnson Family Hustle," a venture she created to provide for her family and inspire others to pursue their own small business. Jody also loves to multitask and balance many projects at once, Jody is determined not only to build her brand but to encourage and uplift other aspiring entrepreneurs along the way

is for apple

A B C D E F G H I J K L M N O P Q R S T U V W X Y Z

is for Ball

A B C D E F G H I J K L M N O P Q R S T U V W X Y Z

C is for Car

A B C D E F G H I J K L M N O P Q R S T U V W X Y Z

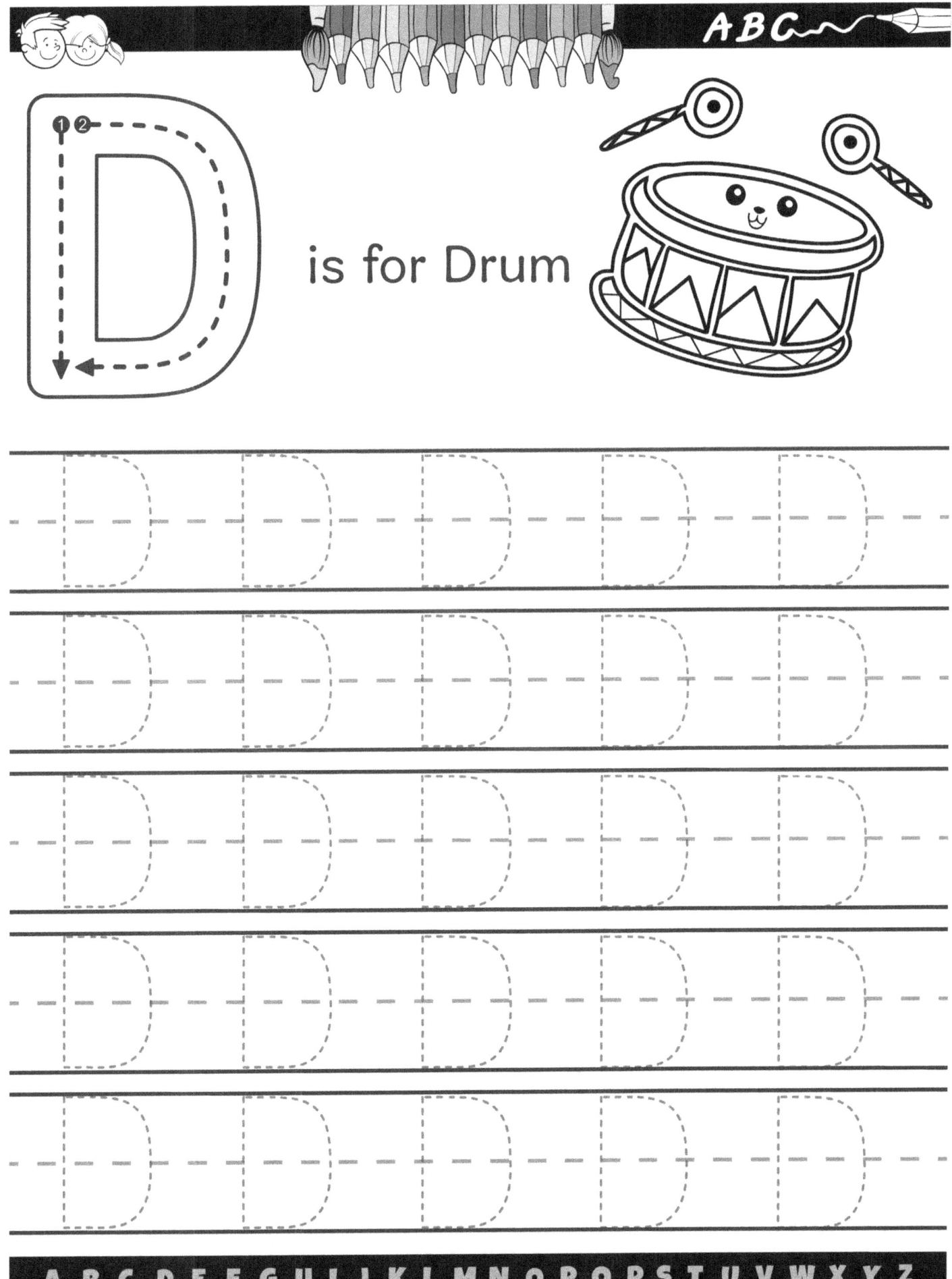

D is for Drum

A B C D E F G H I J K L M N O P Q R S T U V W X Y Z

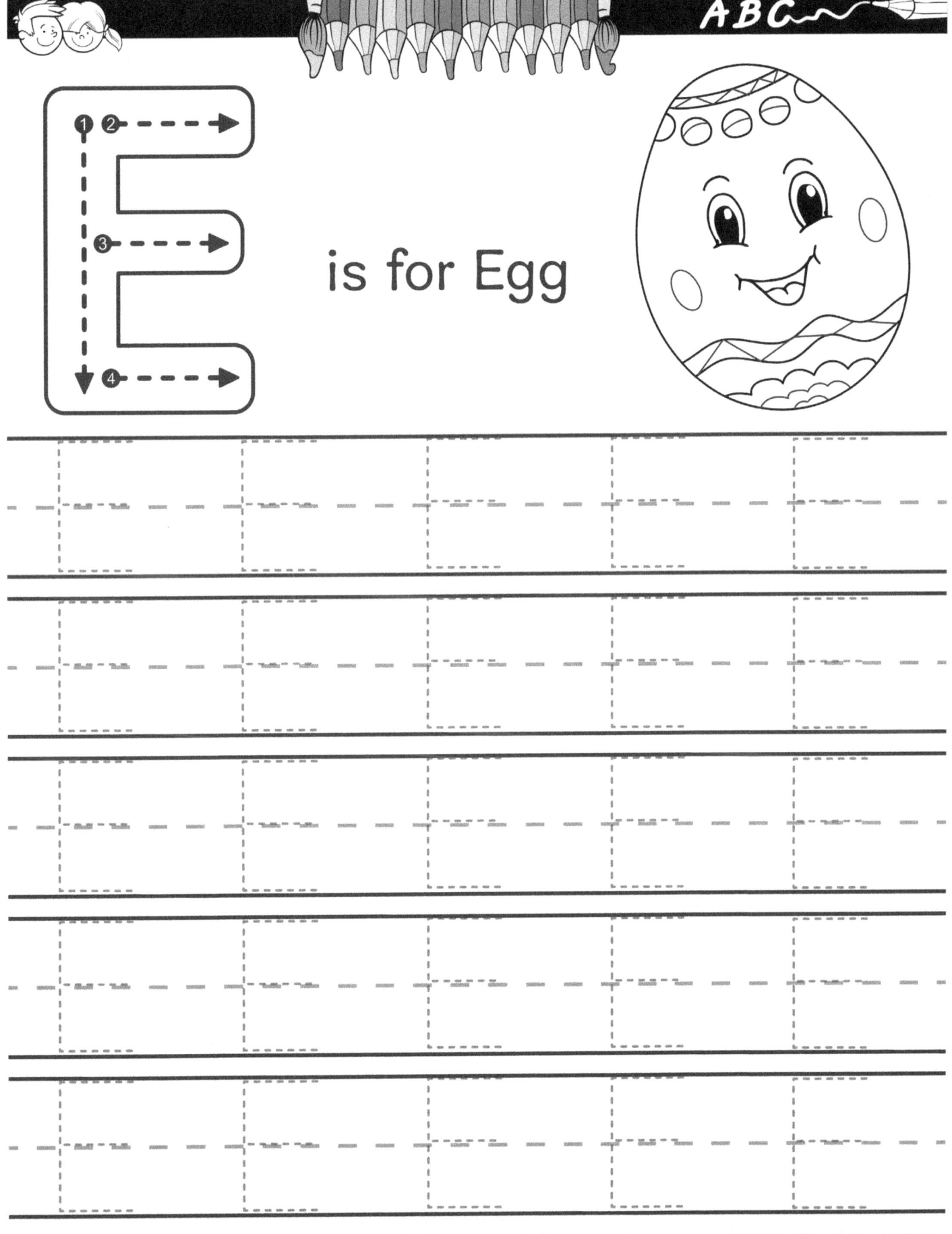

is for Egg

A B C D E F G H I J K L M N O P Q R S T U V W X Y Z

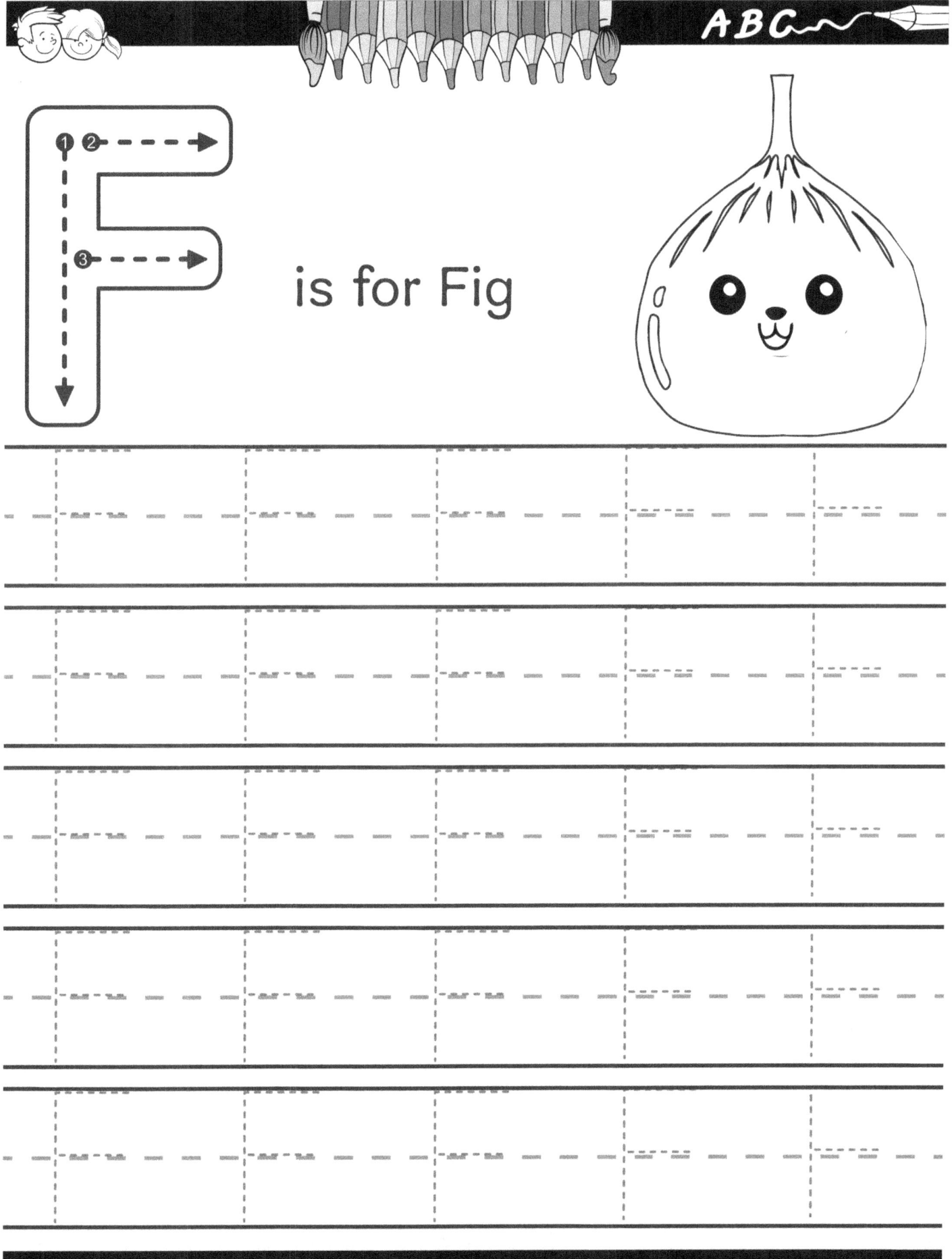

is for Fig

A B C D E F G H I J K L M N O P Q R S T U V W X Y Z

is for Grape

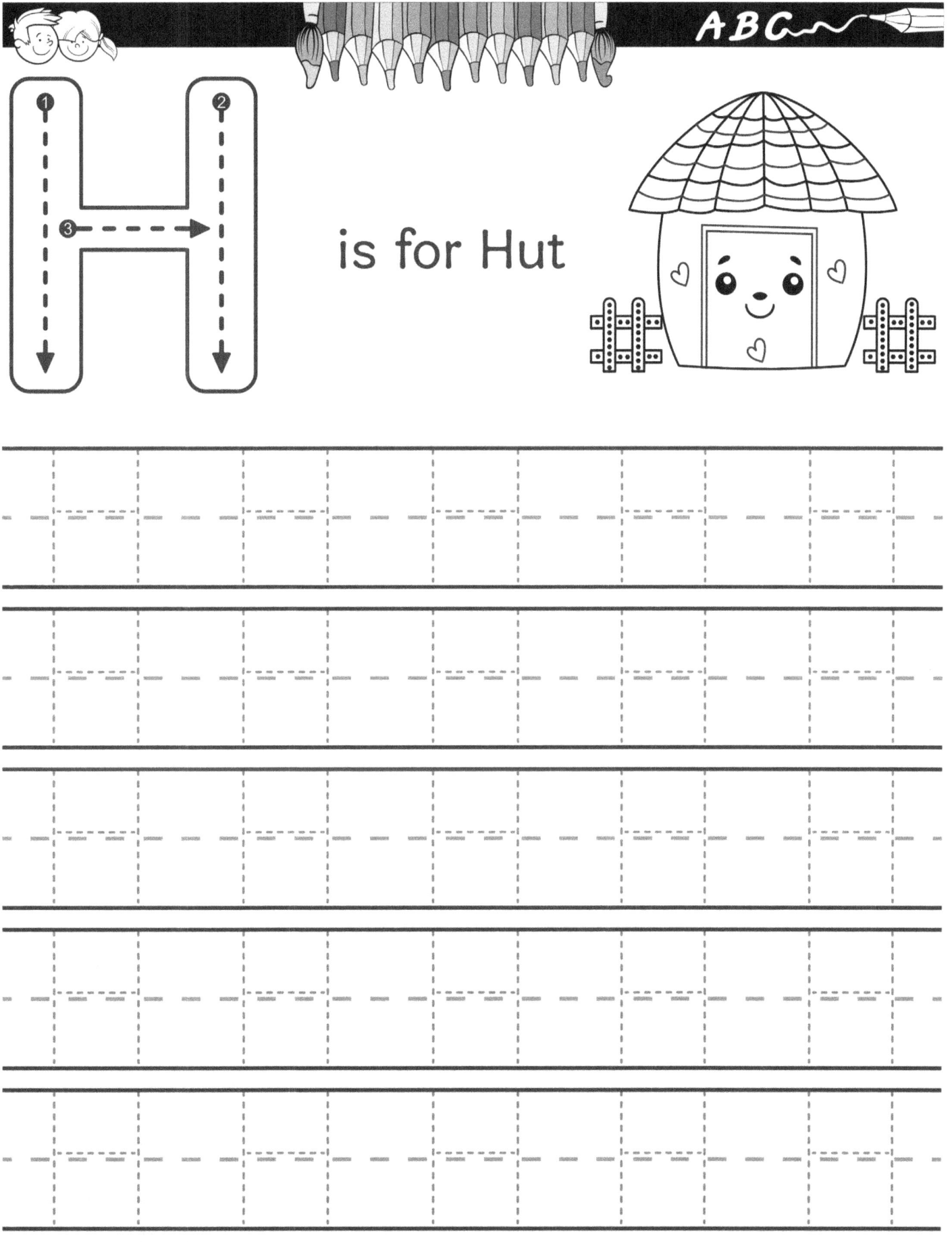

is for Hut

A B C D E F G H I J K L M N O P Q R S T U V W X Y Z

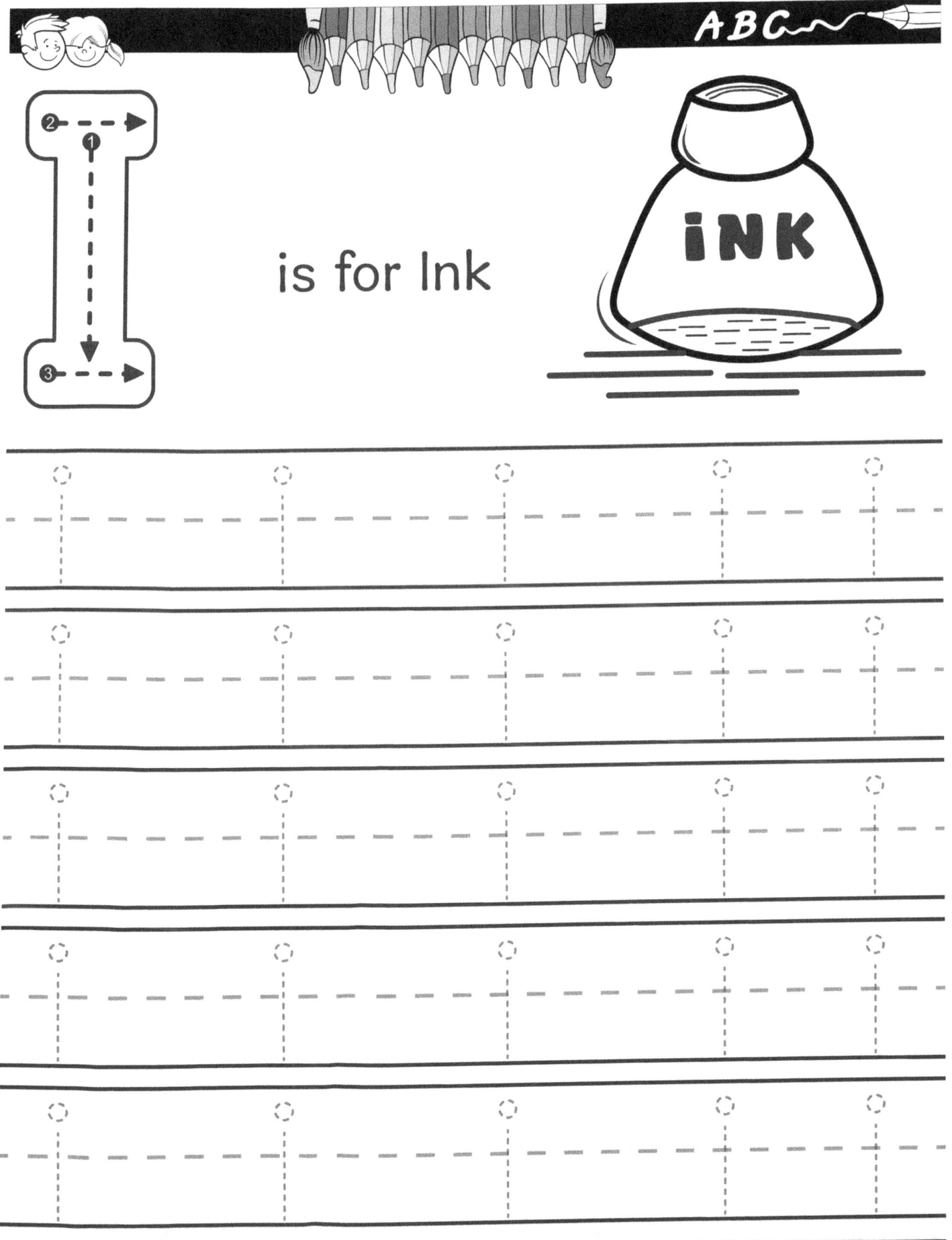

is for Ink

ABC

INK

A B C D E F G H I J K L M N O P Q R S T U V W X Y Z

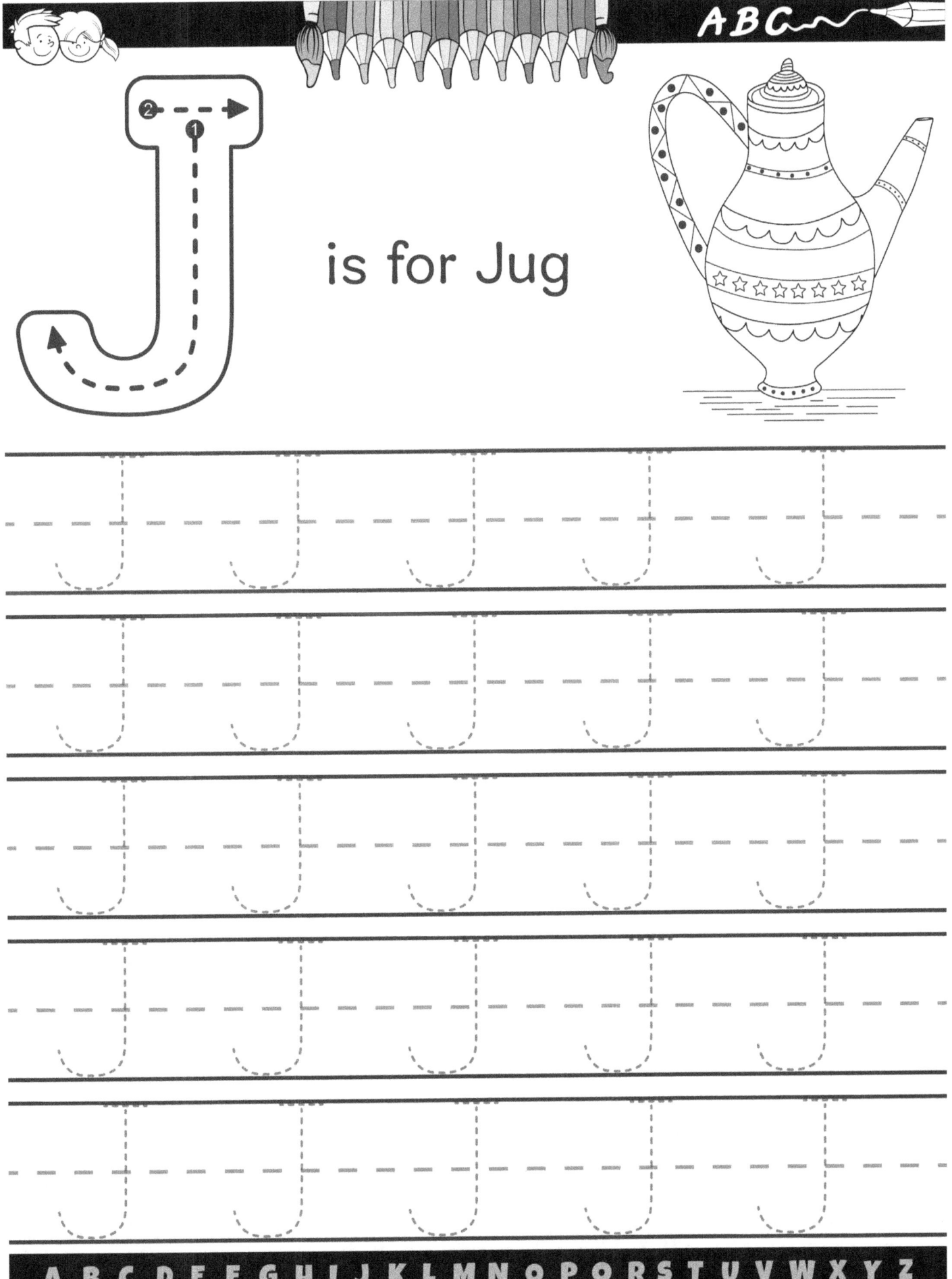

is for Jug

is for Kite

A B C D E F G H I J K L M N O P Q R S T U V W X Y Z

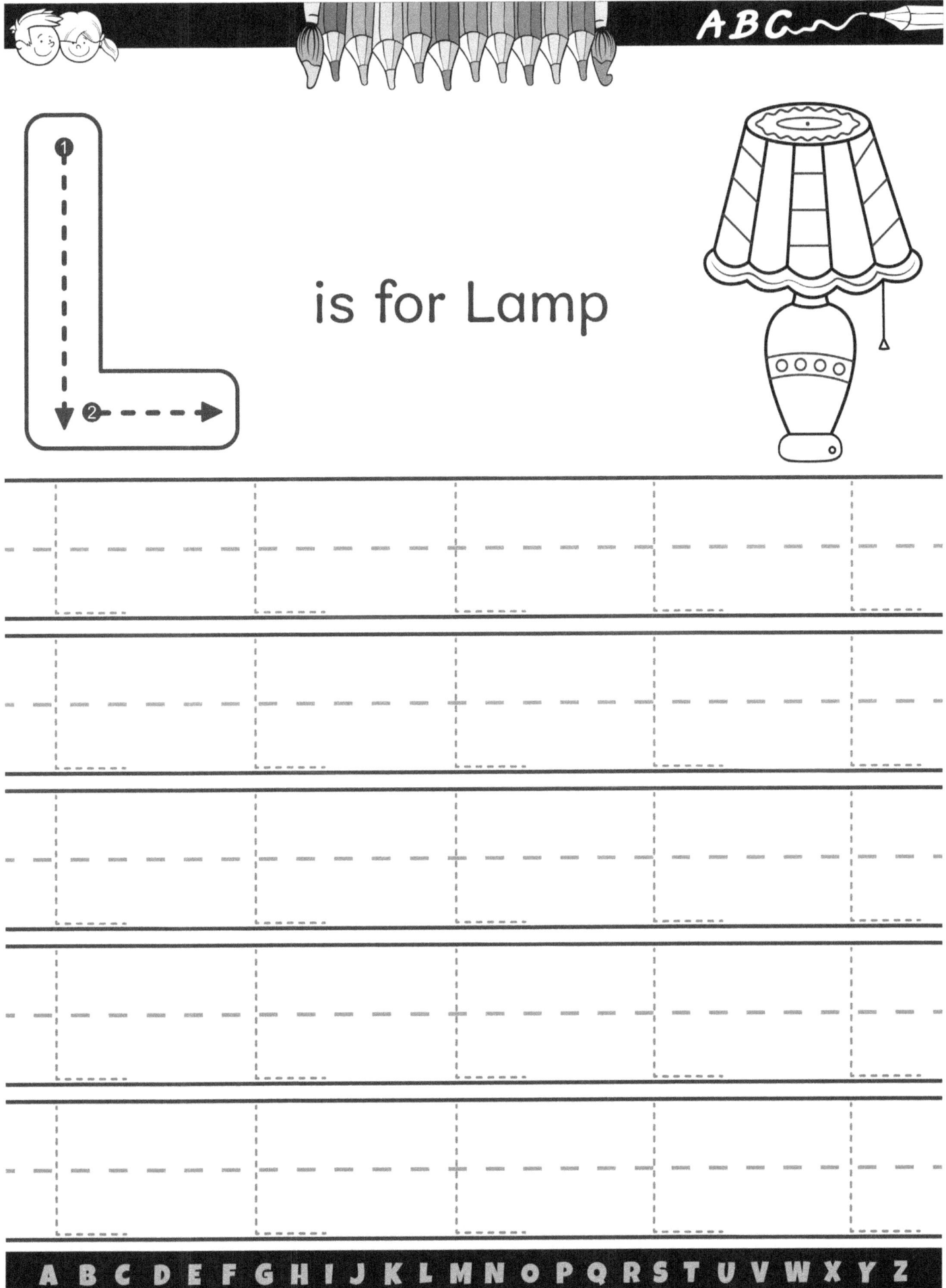

is for Lamp

ABCDEFGHIJKLMNOPQRSTUVWXYZ

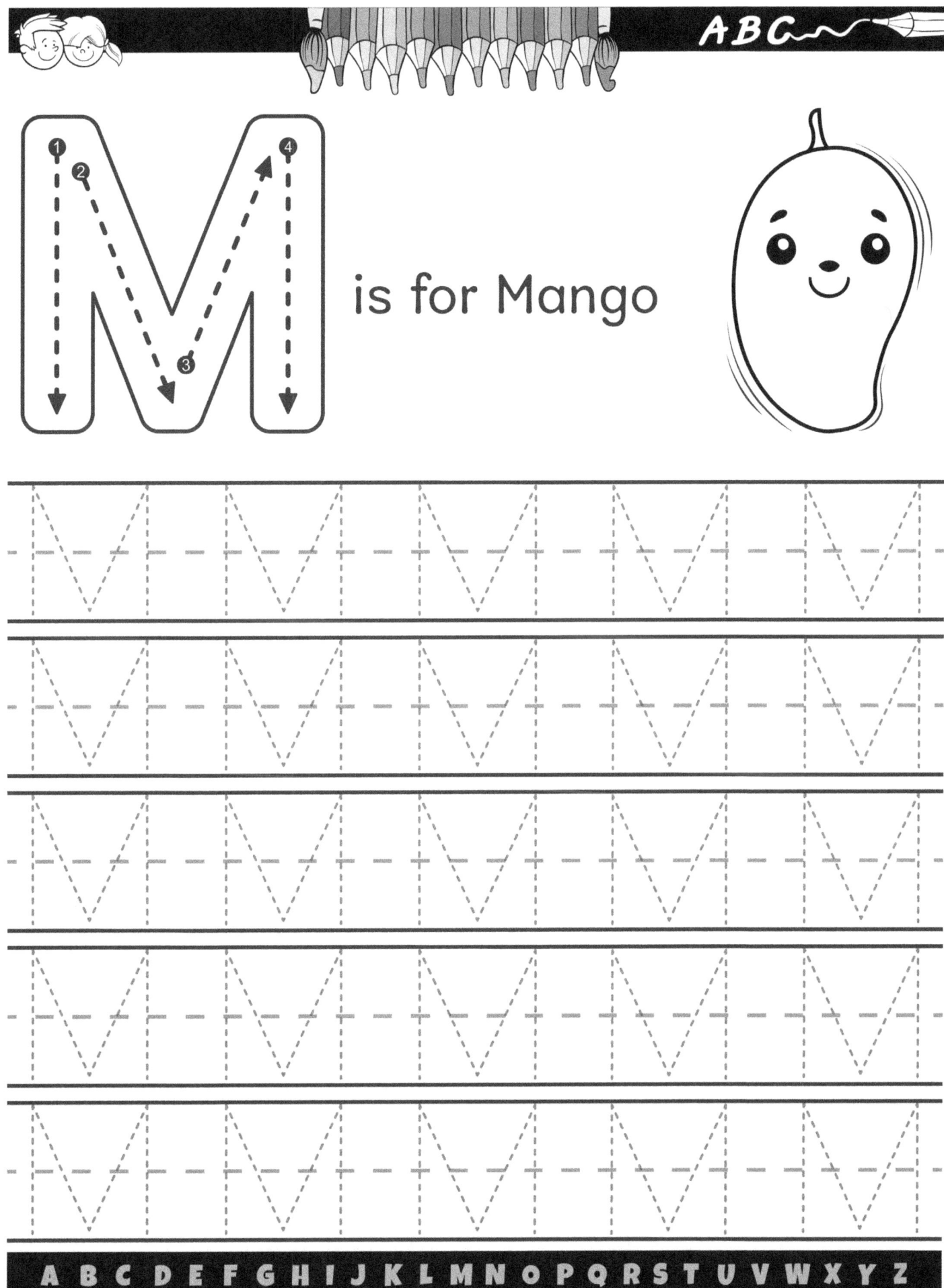

is for Mango

is for Nut

O is for Orange

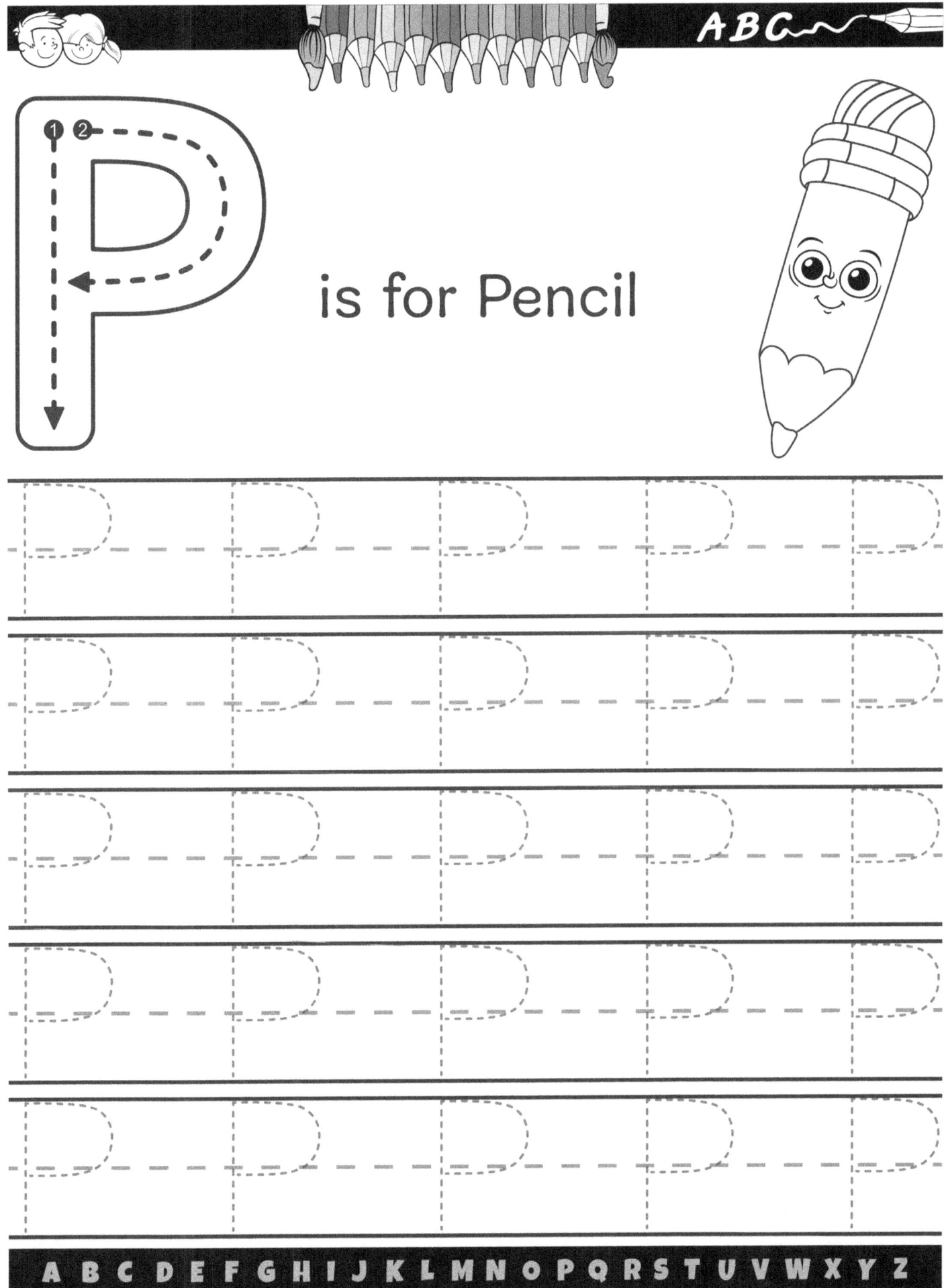

is for Pencil

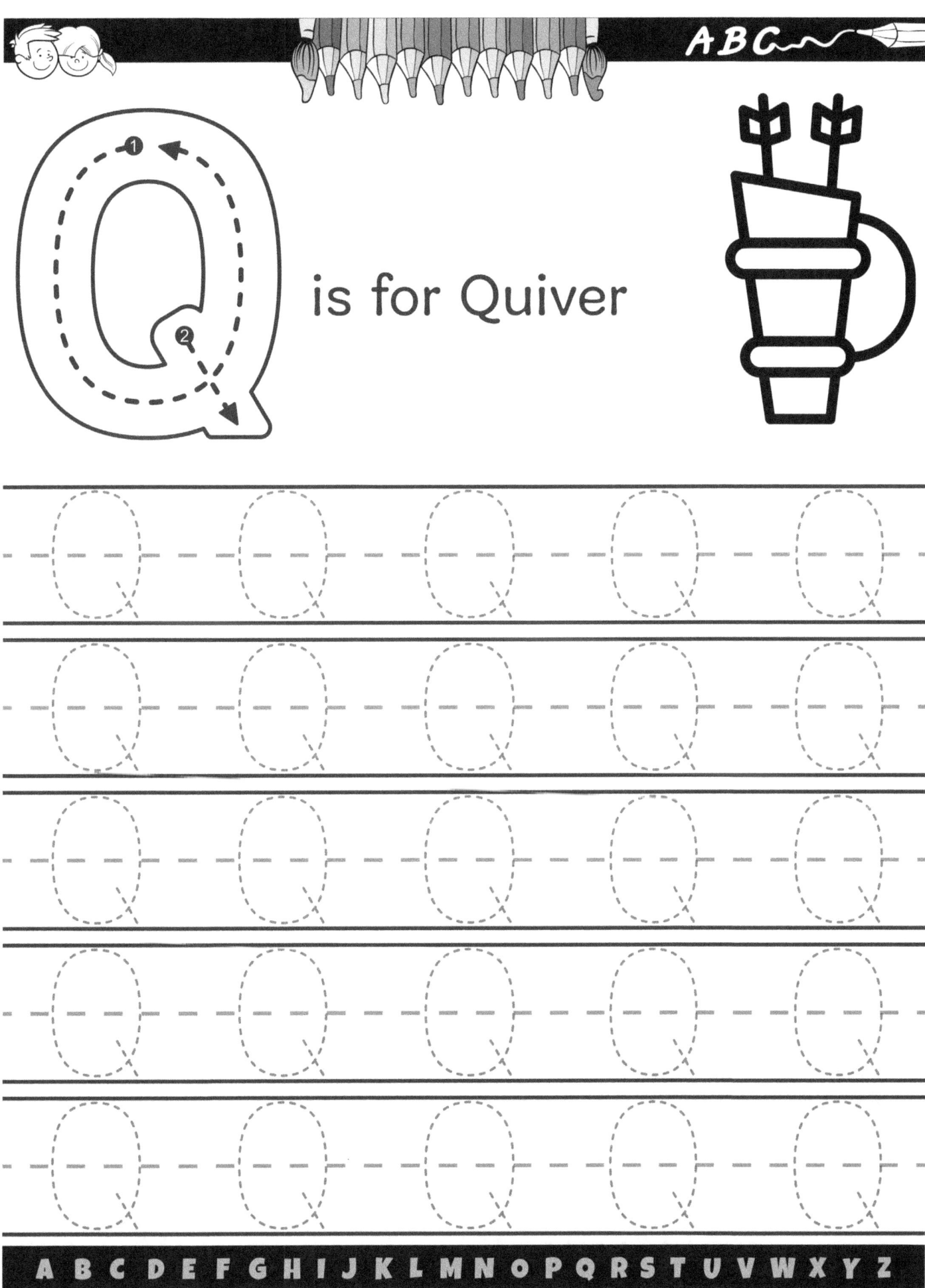

is for Quiver

A B C D E F G H I J K L M N O P Q R S T U V W X Y Z

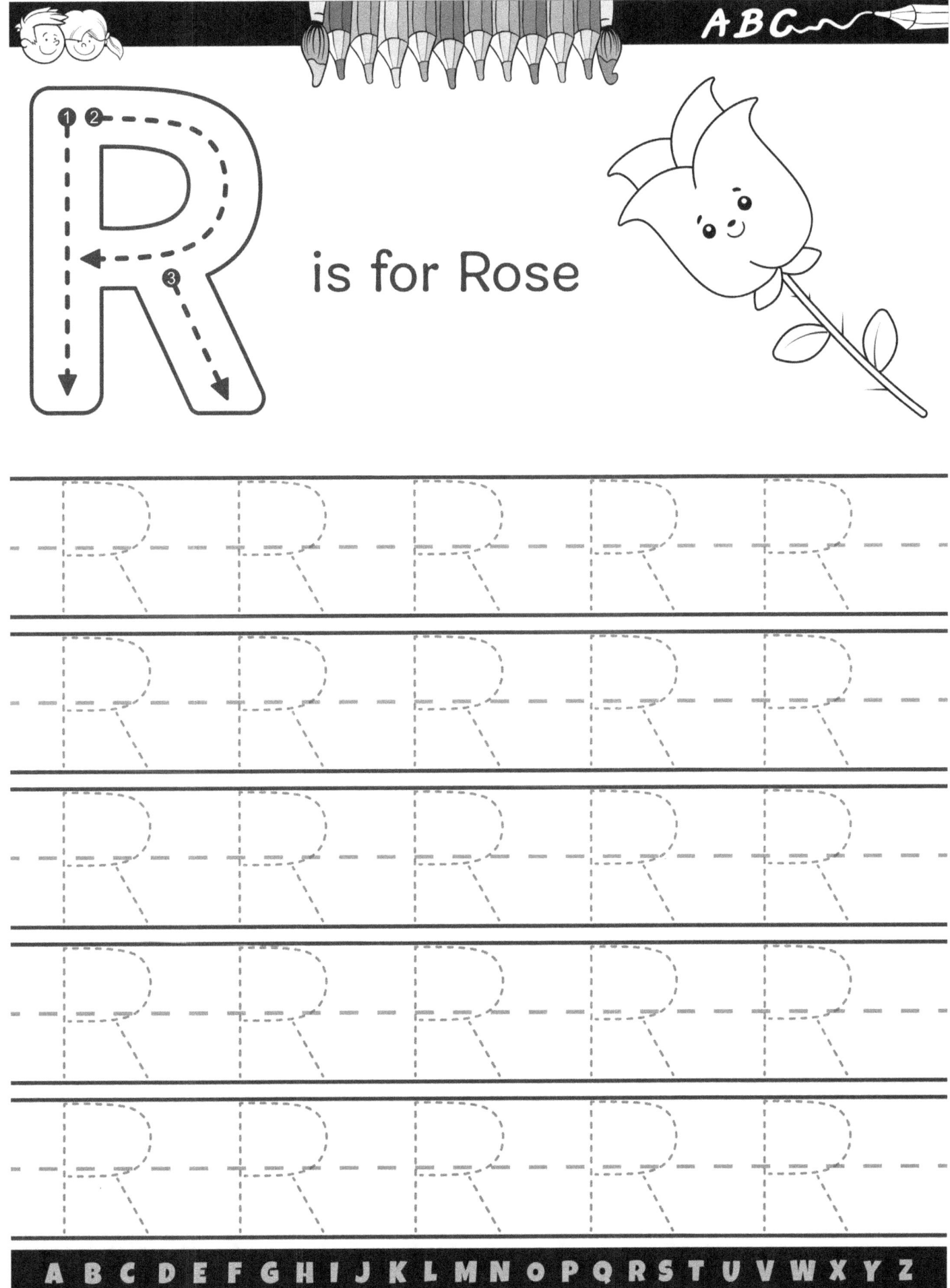

R is for Rose

A B C D E F G H I J K L M N O P Q R S T U V W X Y Z

is for Star

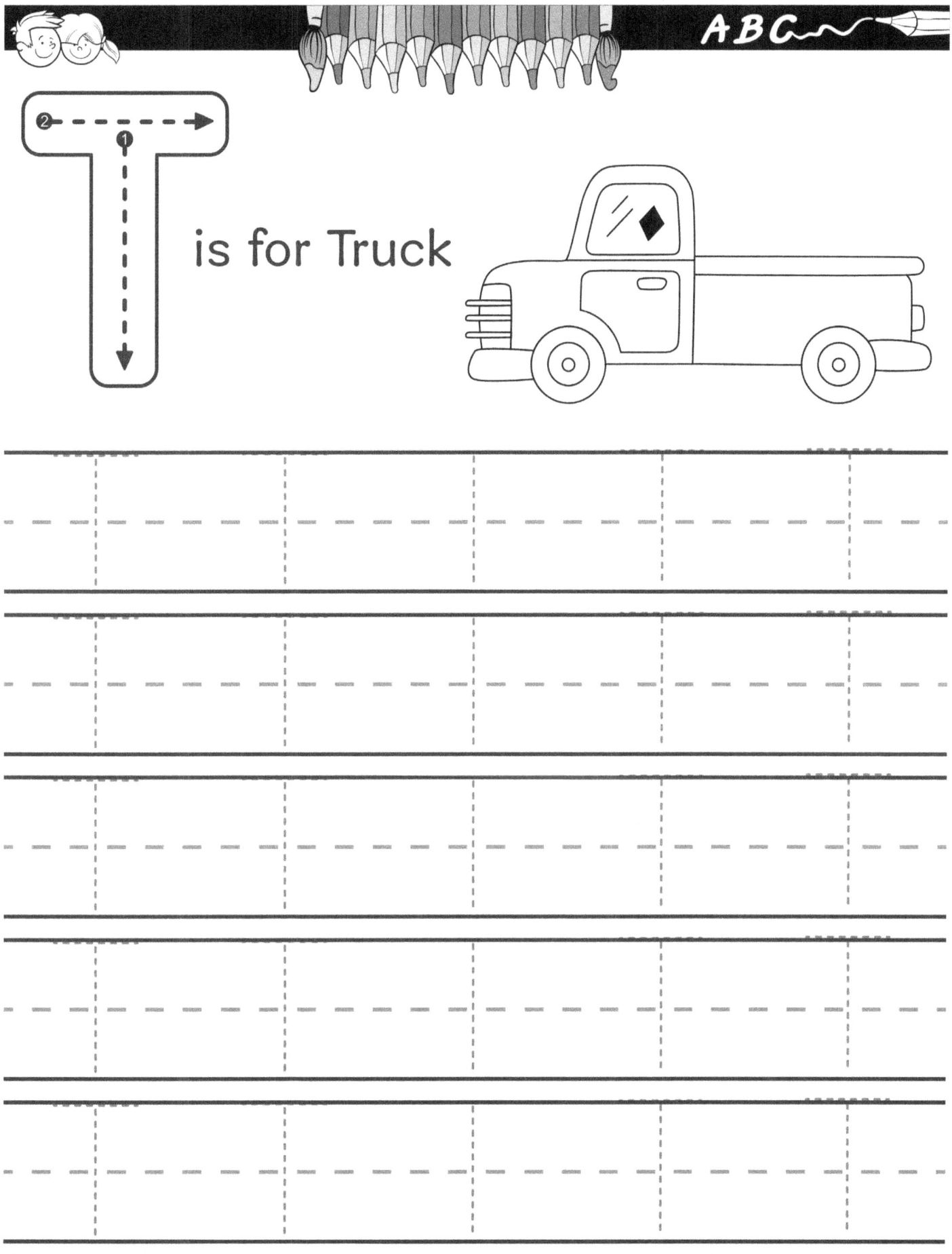

T is for Truck

A B C D E F G H I J K L M N O P Q R S T U V W X Y Z

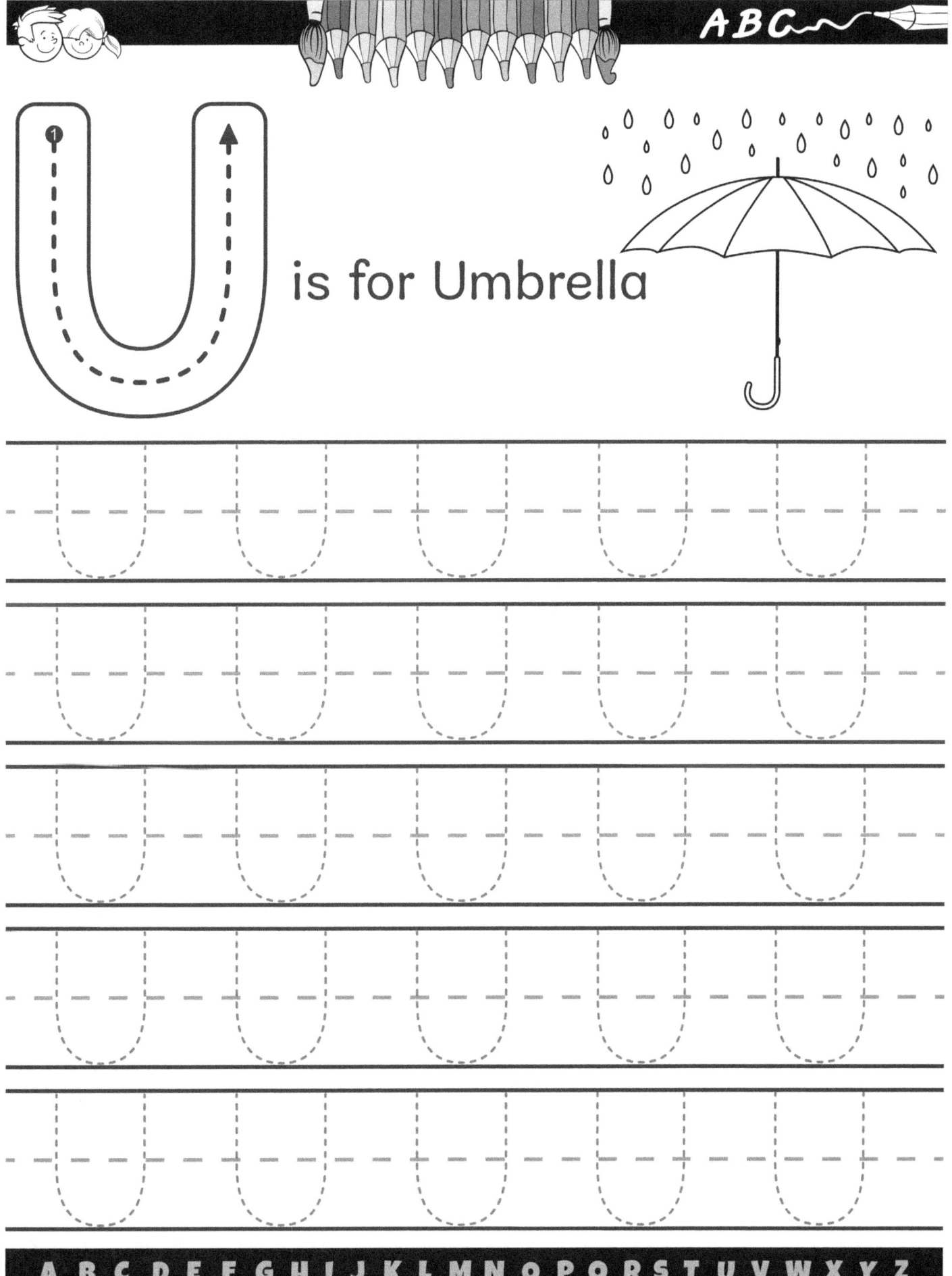

U is for Umbrella

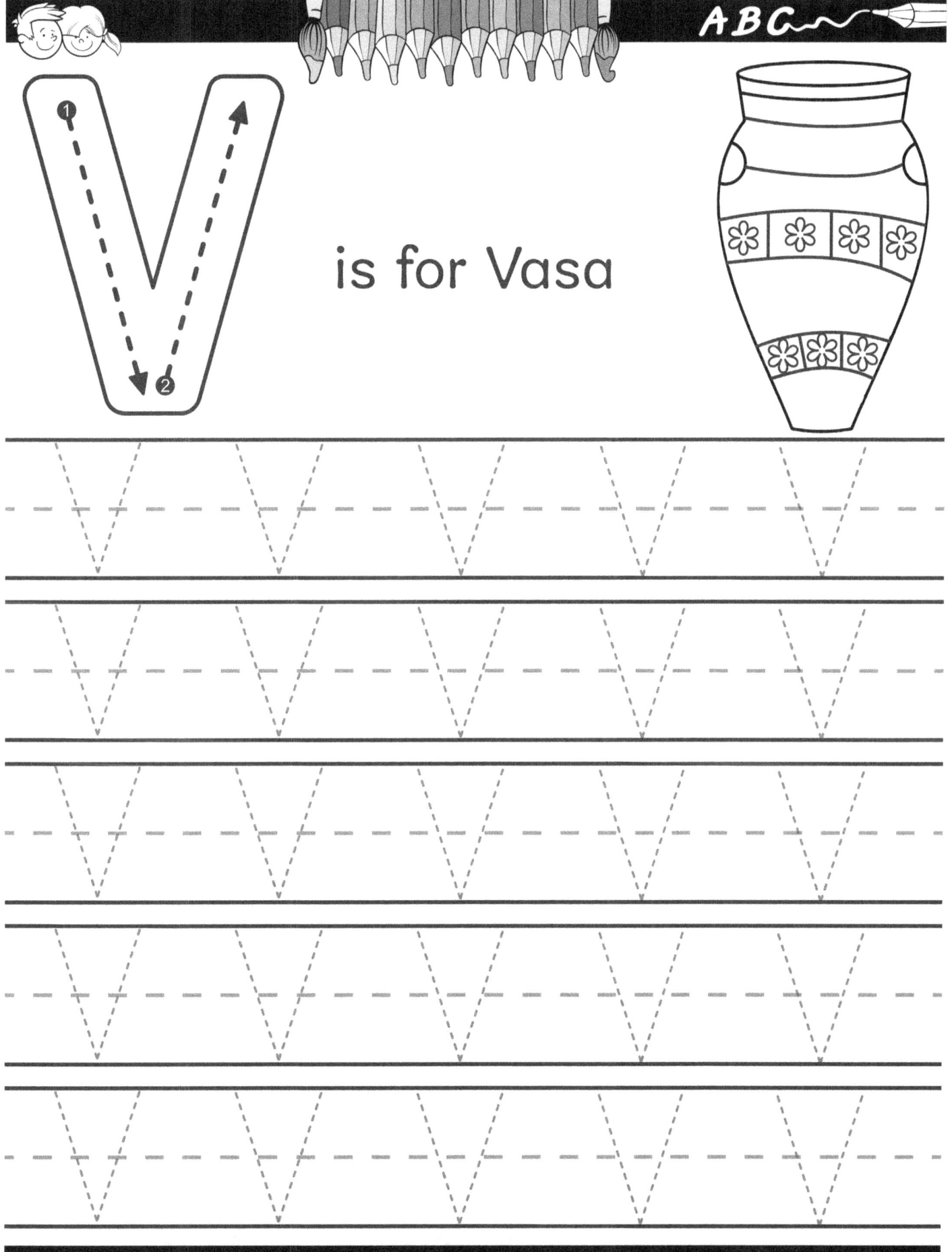

is for Vasa

ABCDEFGHIJKLMNOPQRSTUVWXYZ

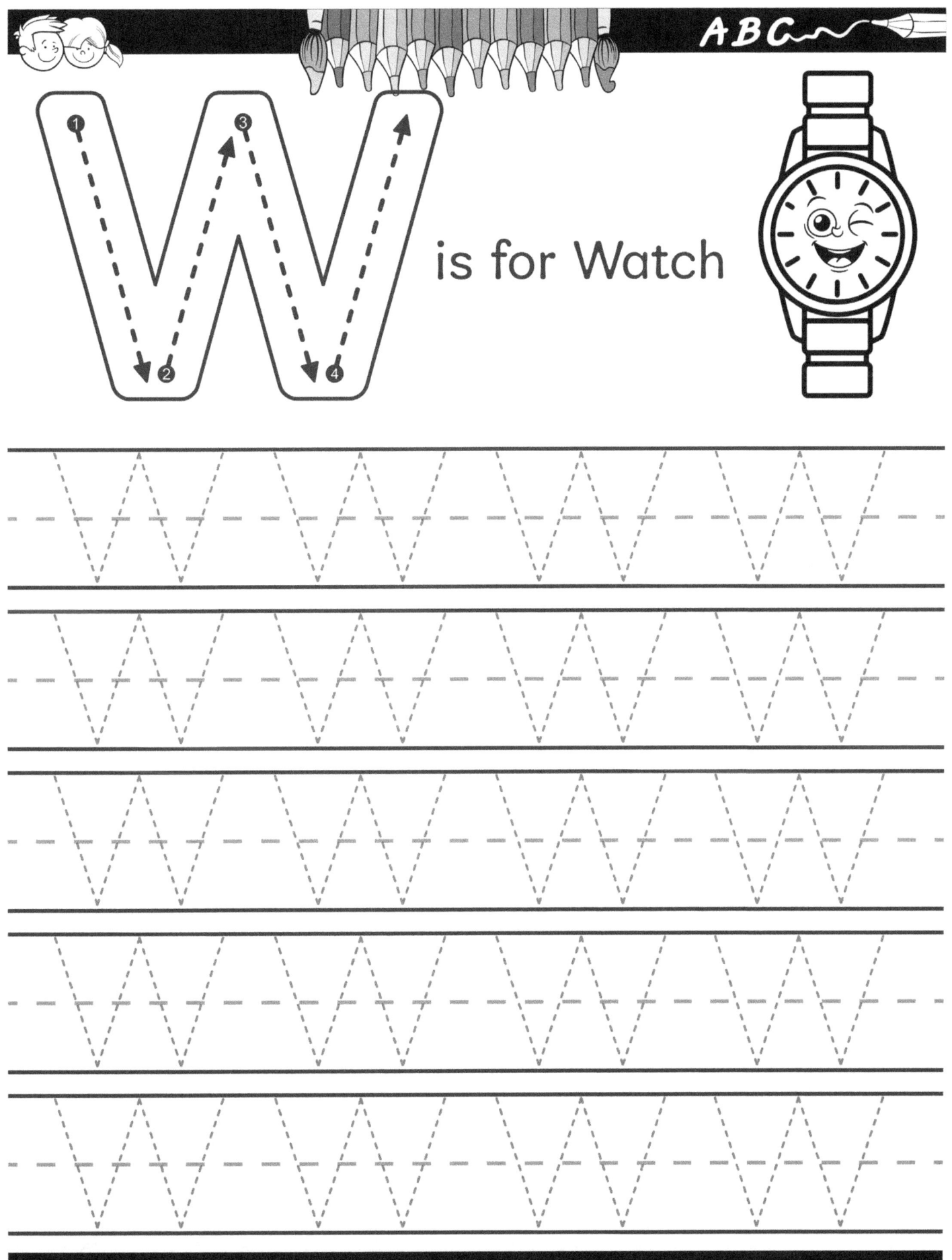

is for Watch

A B C D E F G H I J K L M N O P Q R S T U V W X Y Z

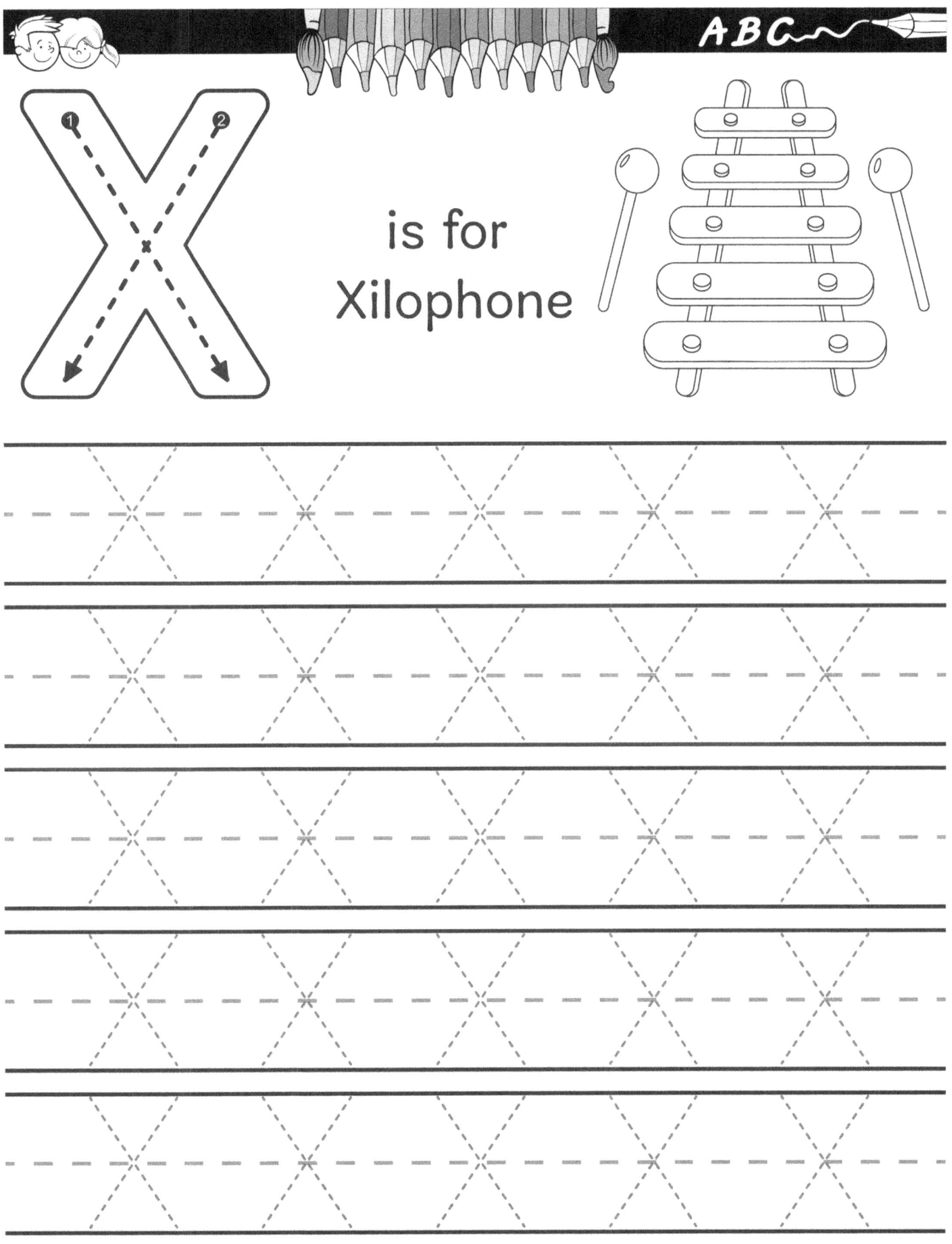

is for
Xilophone

A B C D E F G H I J K L M N O P Q R S T U V W X Y Z

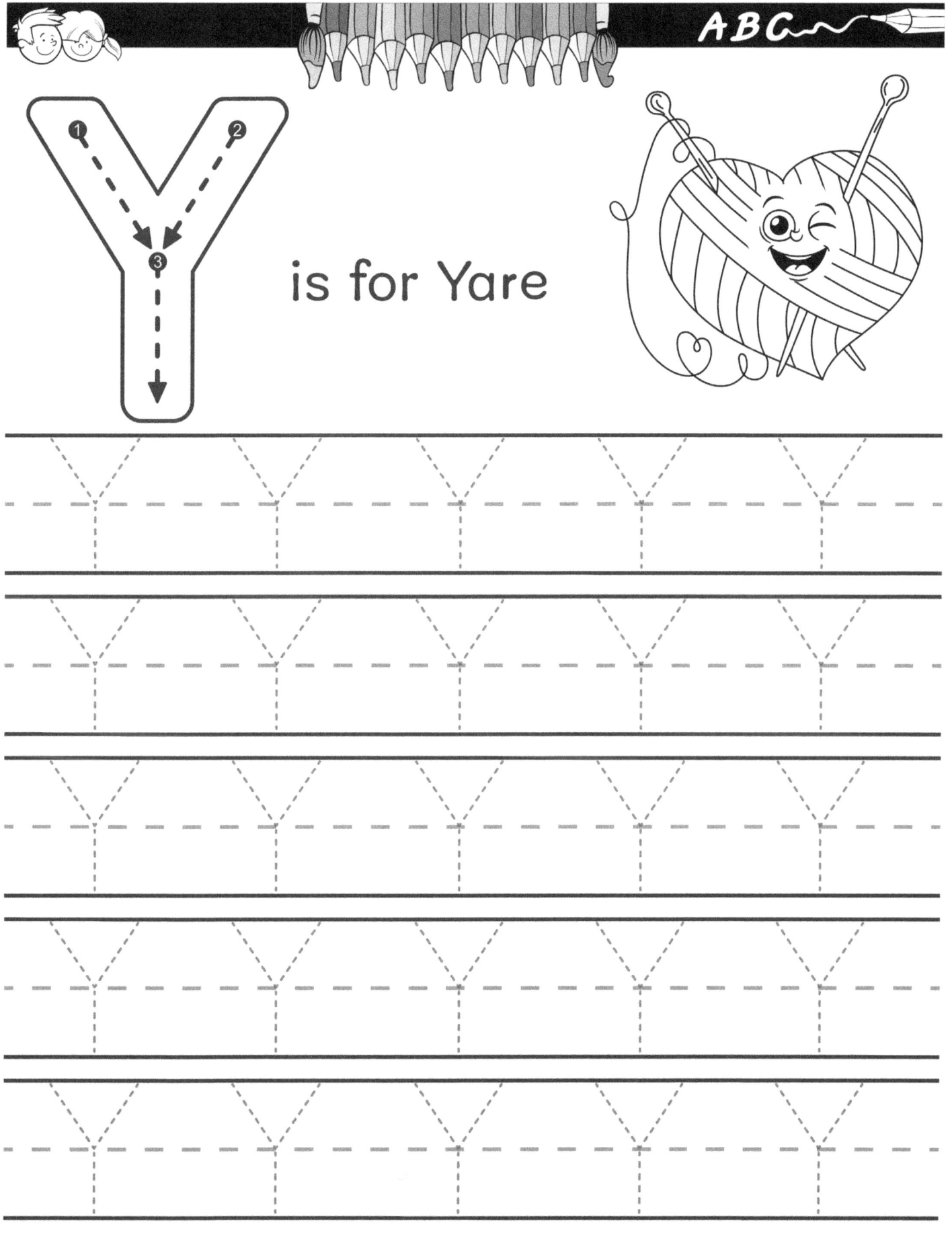

Y is for Yare

A B C D E F G H I J K L M N O P Q R S T U V W X Y Z

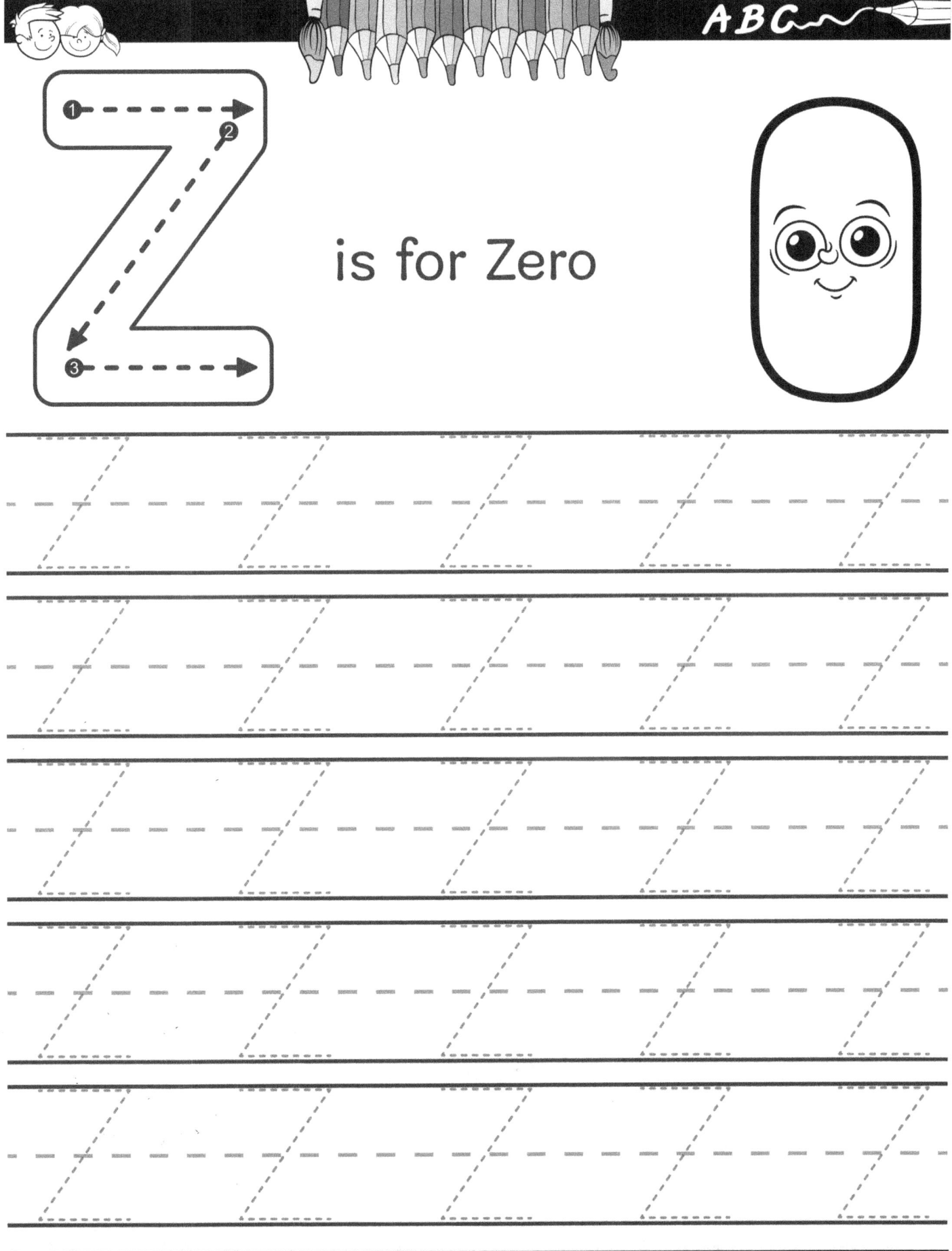

is for Zero

A B C D E F G H I J K L M N O P Q R S T U V W X Y Z

is for acorn

a b c d e f g h i j k l m n o p q r s t u v w x y z

is for book

BOOK

a b c d e f g h i j k l m n o p q r s t u v w x y z

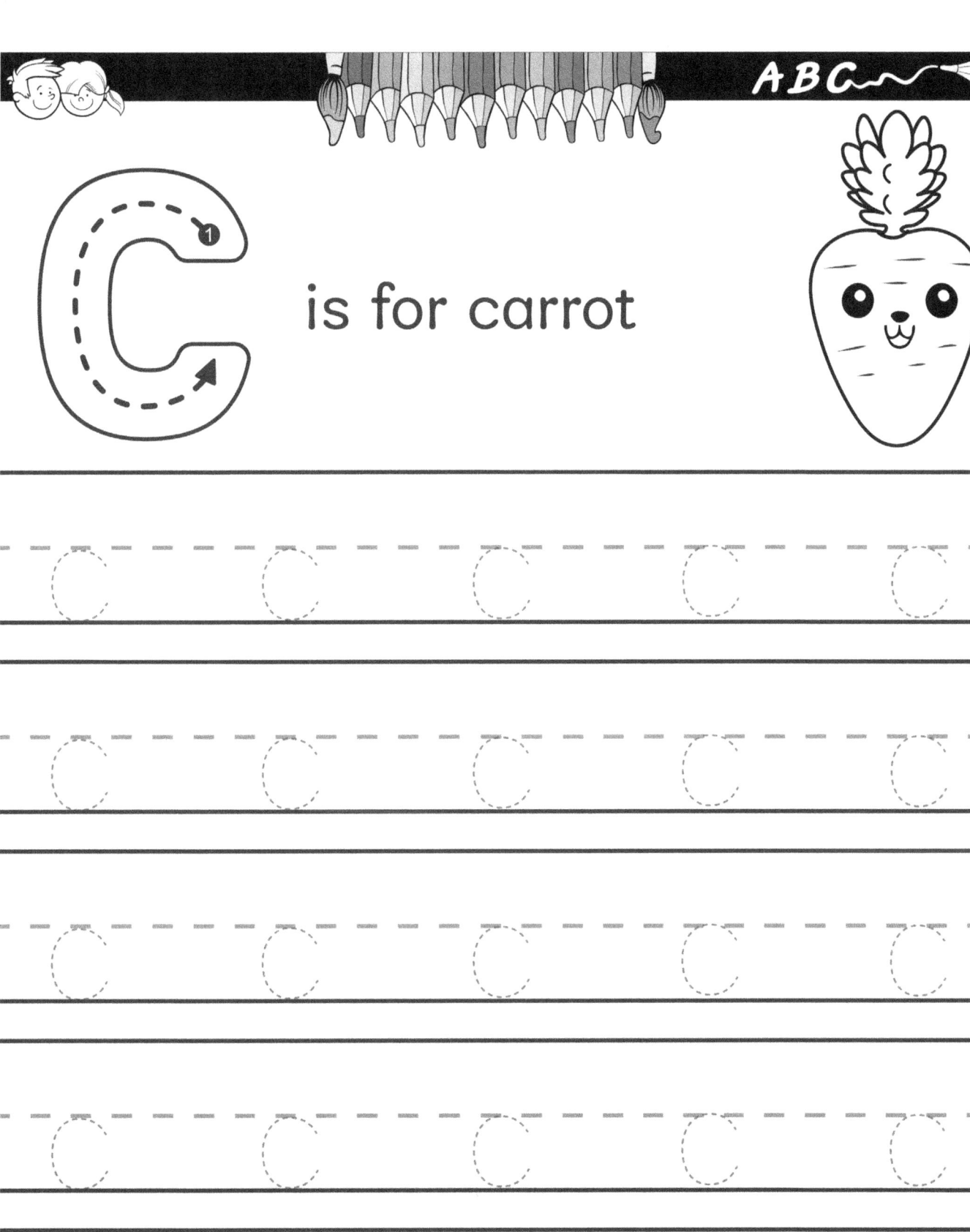

C is for carrot

a b c d e f g h i j k l m n o p q r s t u v w x y z

ABC

is for donut

a b c d e f g h i j k l m n o p q r s t u v w x y z

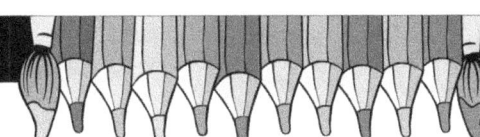
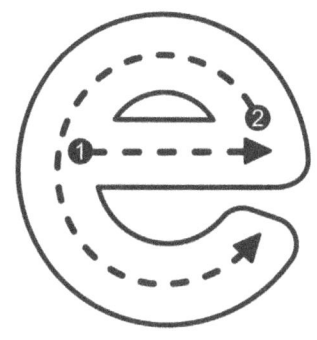

is for eggplant

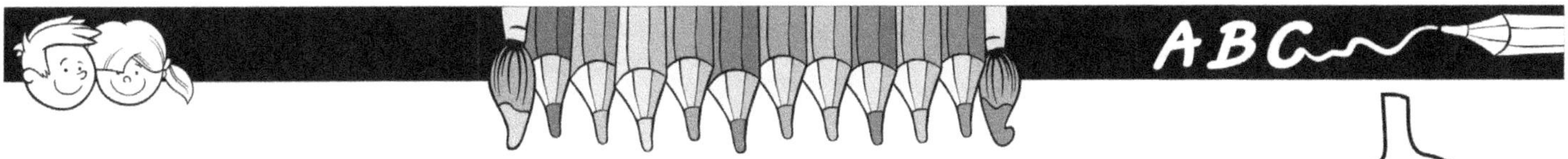

e e e e e

e e e e e

e e e e e

e e e e e

e e e e e

a b c d e f g h i j k l m n o p q r s t u v w x y z

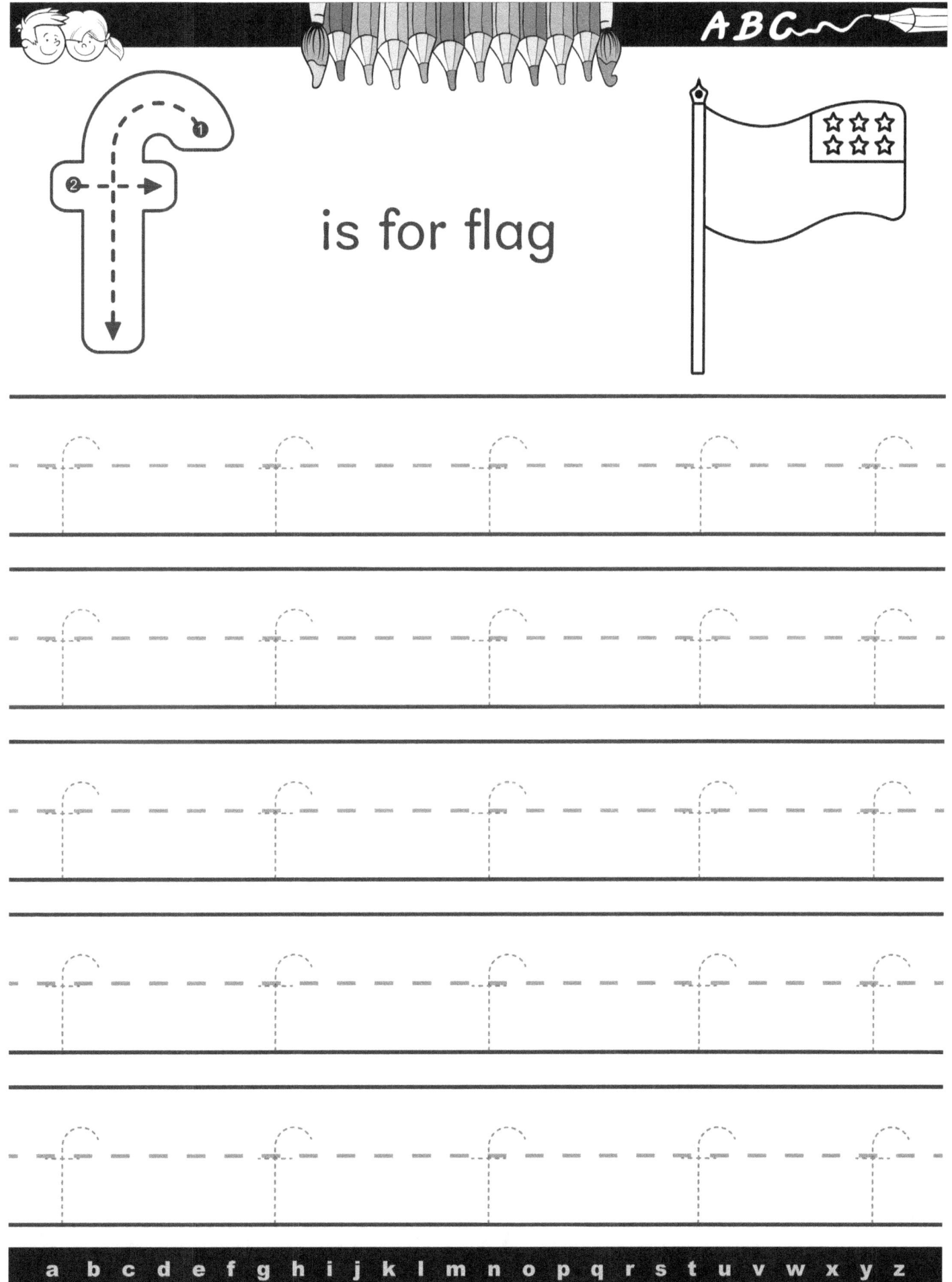

is for flag

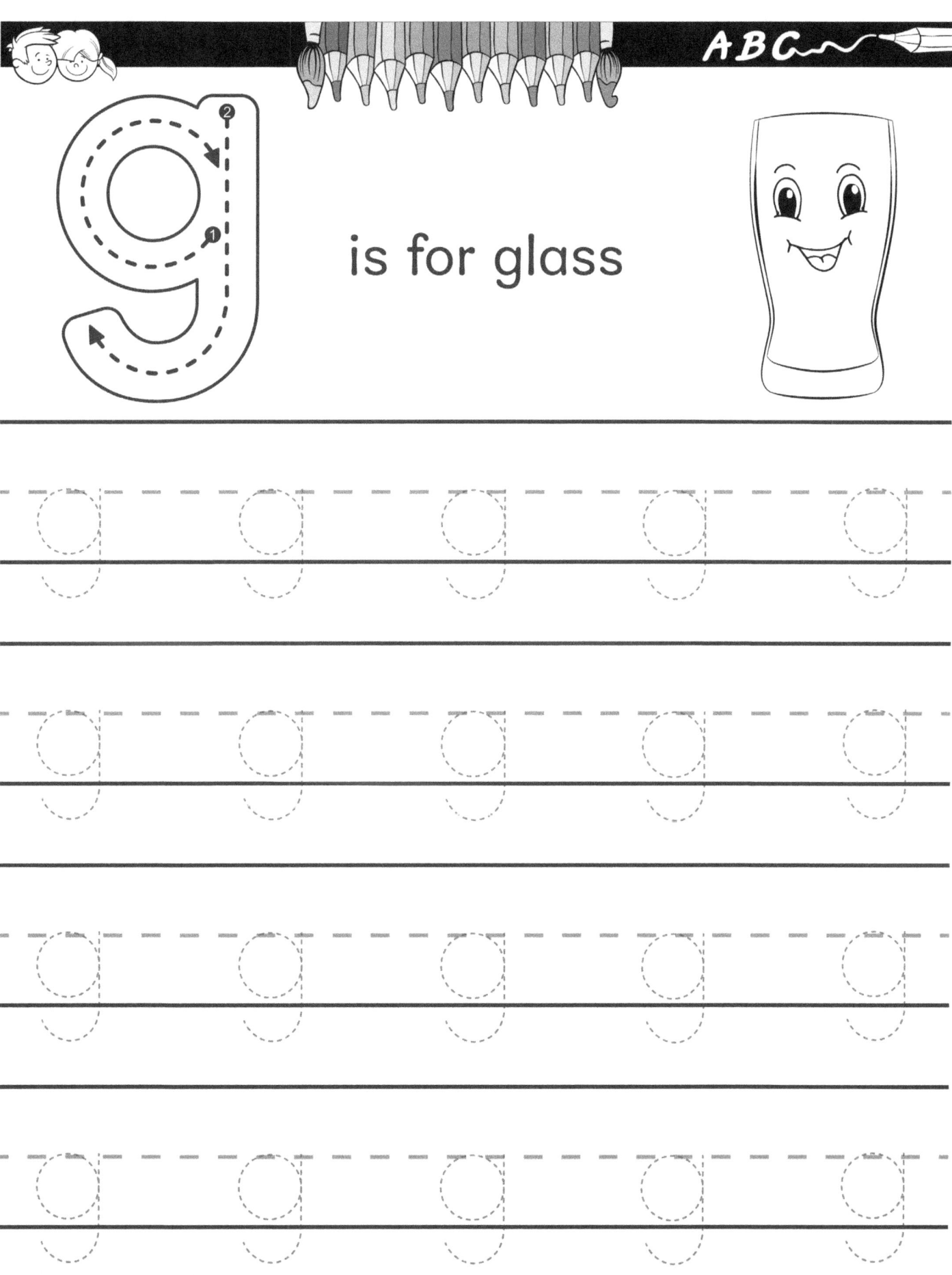

is for glass

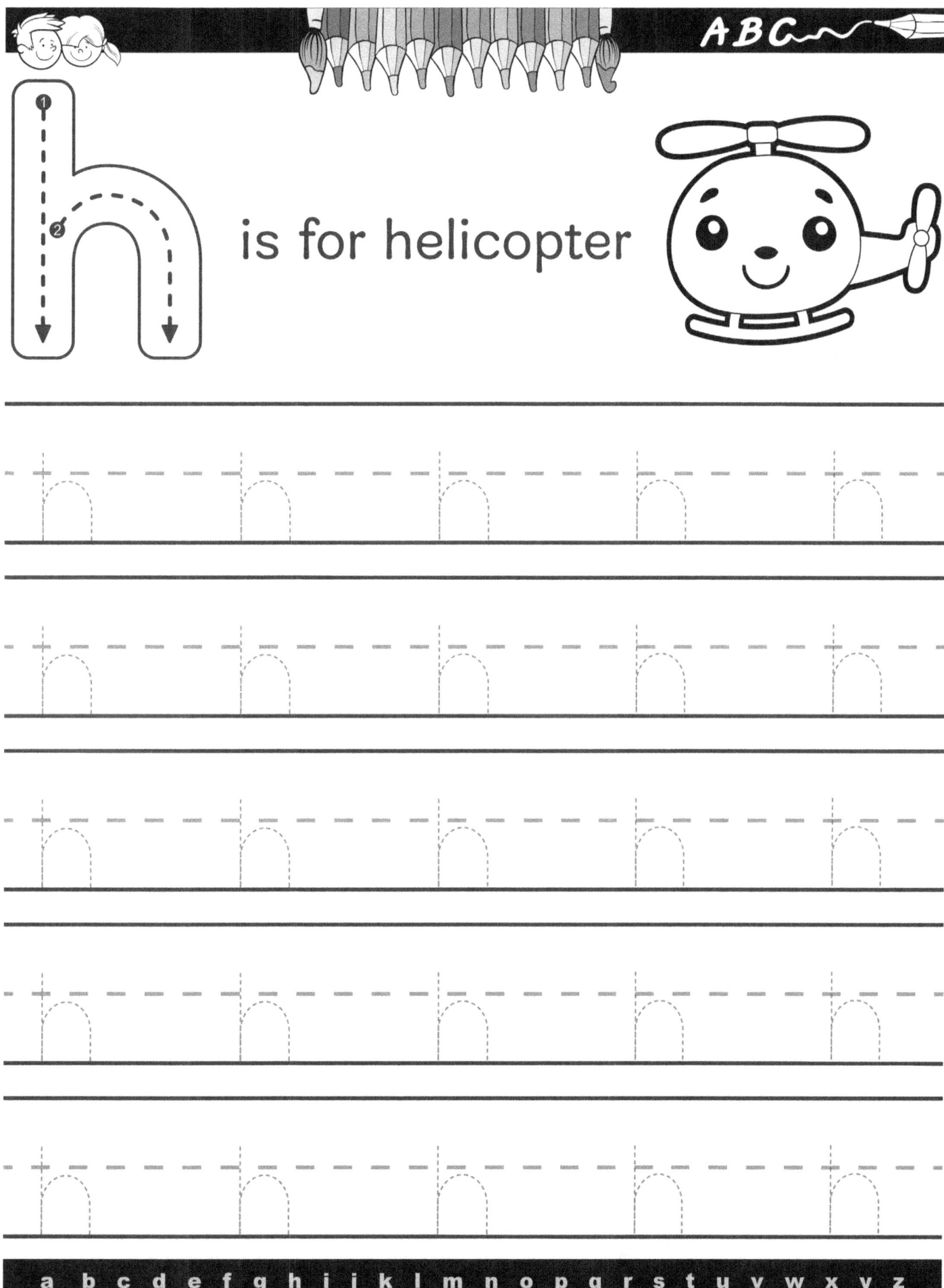

is for helicopter

a b c d e f g h i j k l m n o p q r s t u v w x y z

is for ice cream

is for Jur

a b c d e f g h i j k l m n o p q r s t u v w x y z

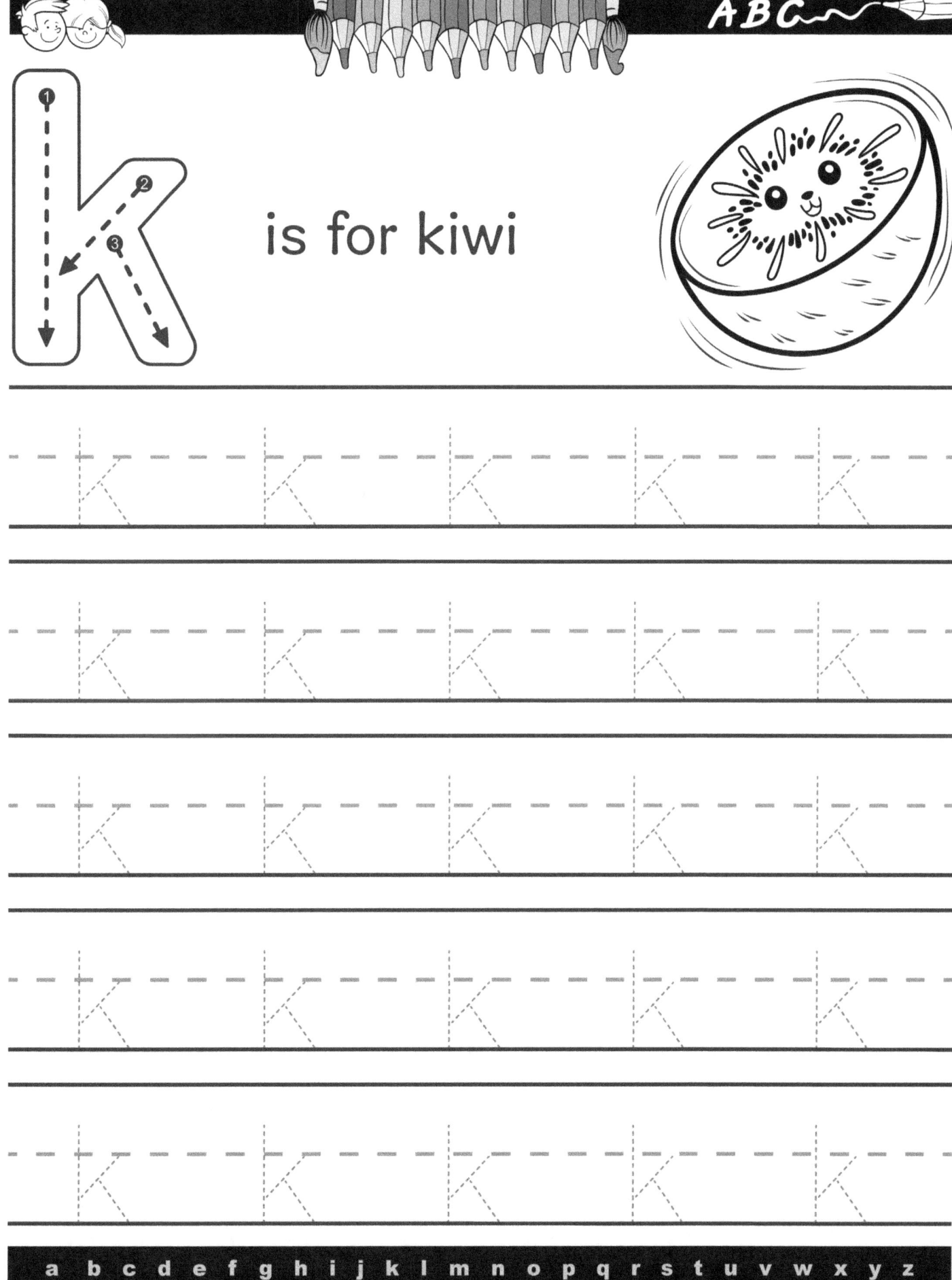

is for kiwi

a b c d e f g h i j k l m n o p q r s t u v w x y z

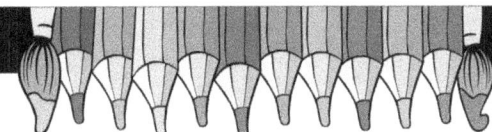

is for Lemon

is for Moon

a b c d e f g h i j k l m n o p q r s t u v w x y z

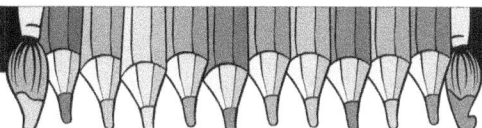

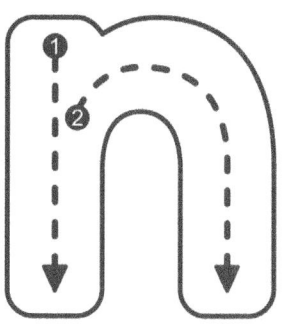

is for nipple

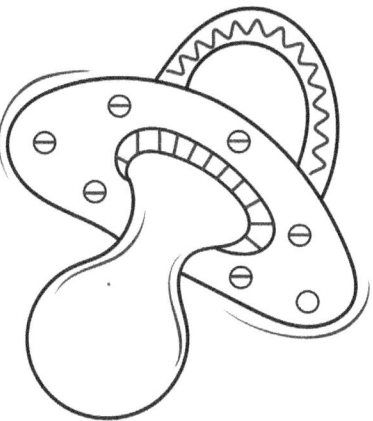

 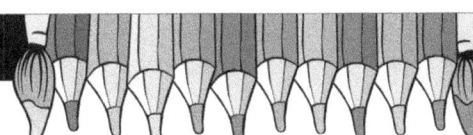 

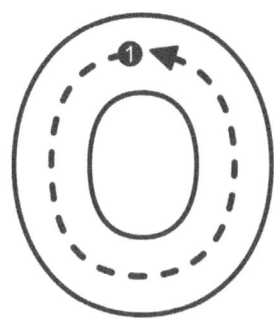

is for onion

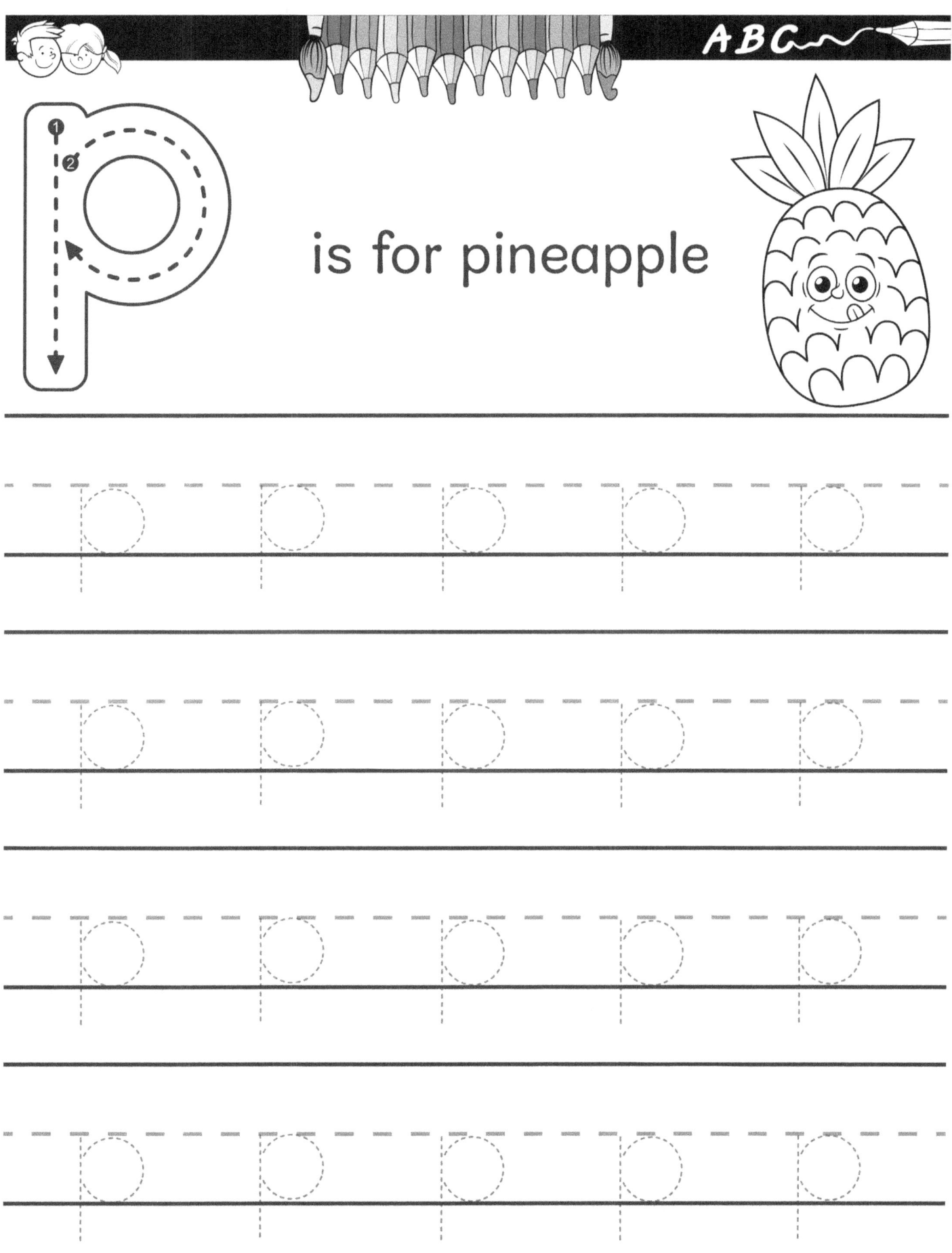

is for pineapple

a b c d e f g h i j k l m n o p q r s t u v w x y z

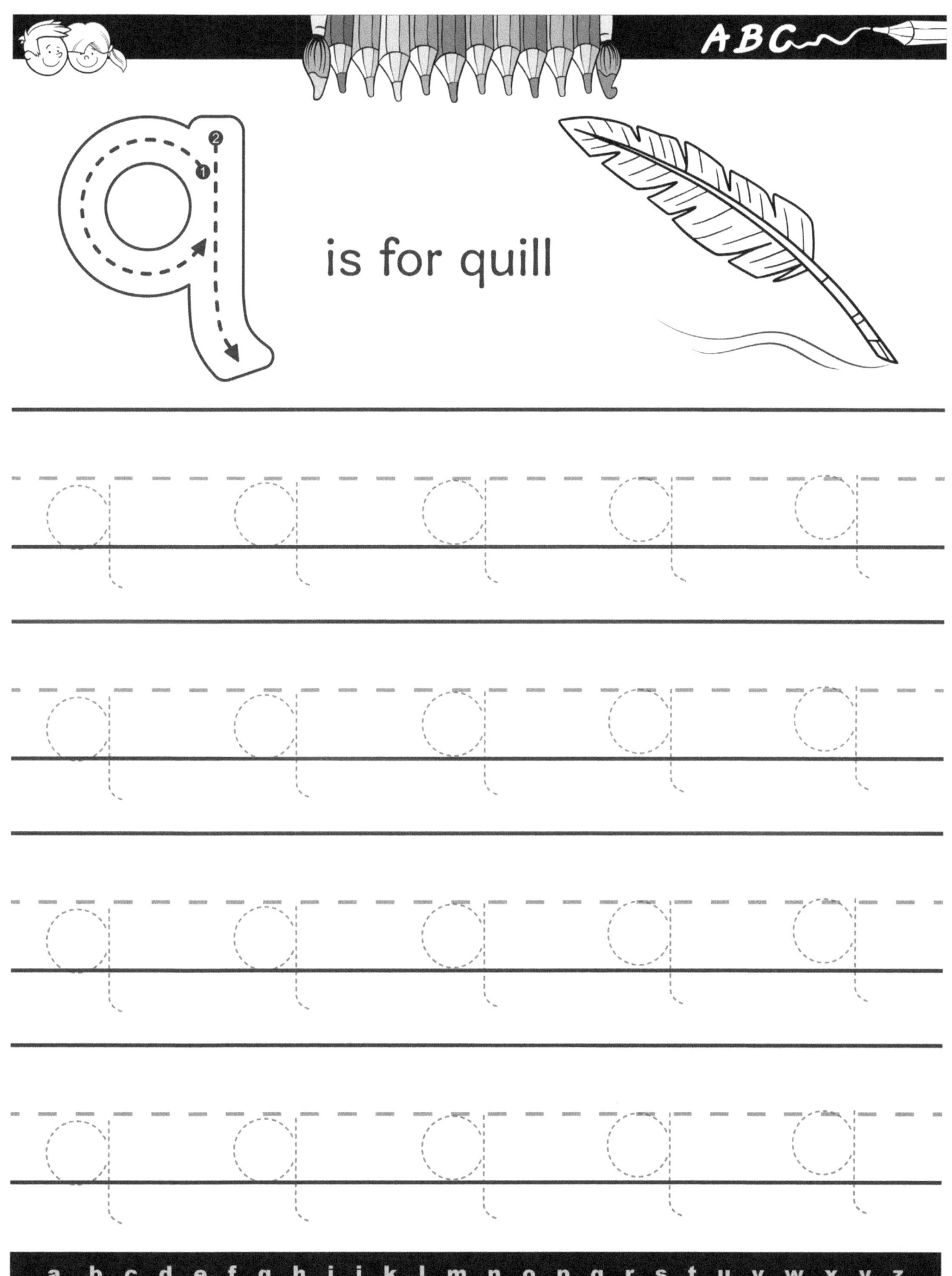

is for quill

a b c d e f g h i j k l m n o p q r s t u v w x y z

 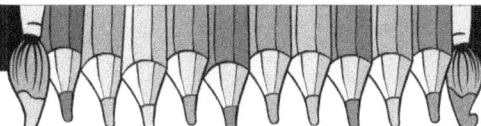 

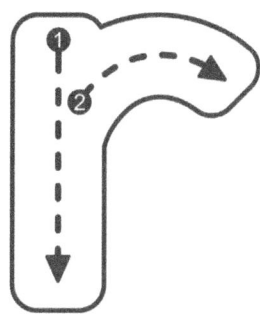

is for roket

 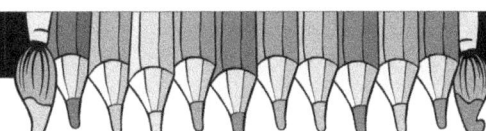 

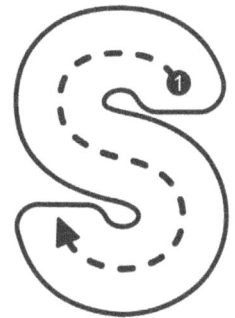

is for sun

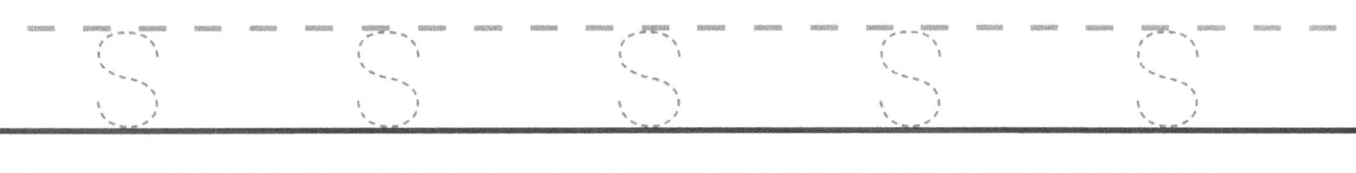

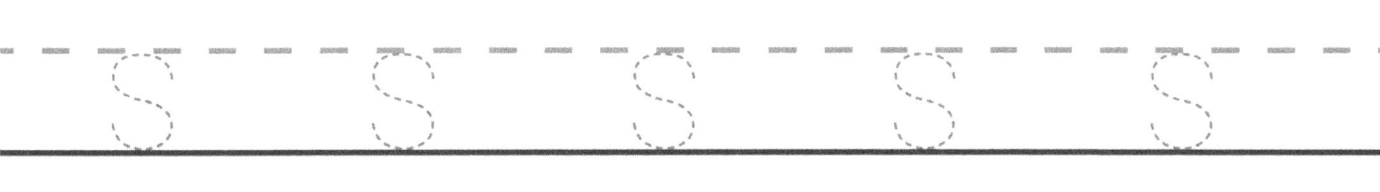

a b c d e f g h i j k l m n o p q r s t u v w x y z

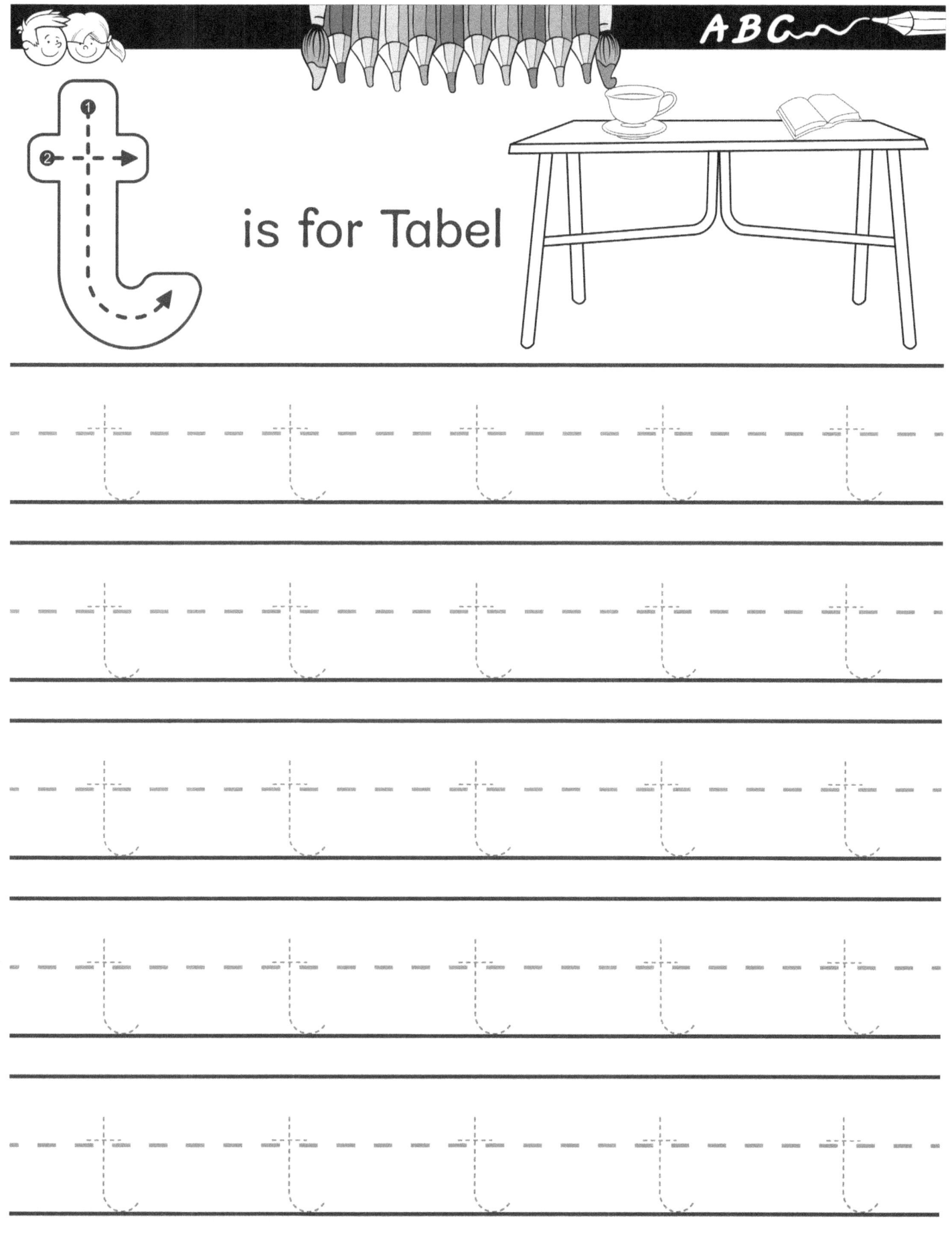

is for Tabel

a b c d e f g h i j k l m n o p q r s t u v w x y z

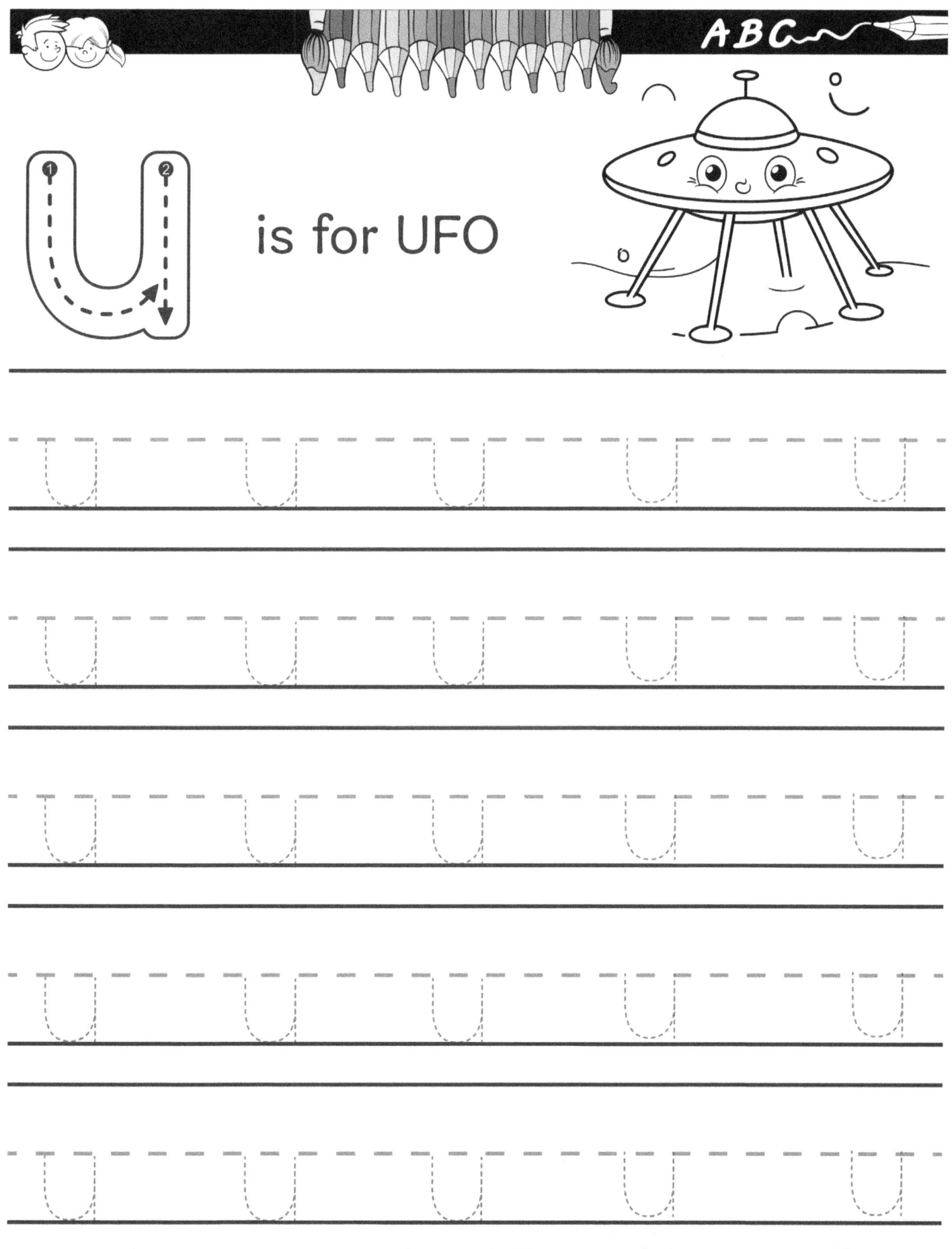

is for UFO

a b c d e f g h i j k l m n o p q r s t u v w x y z

 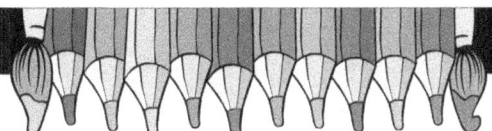 

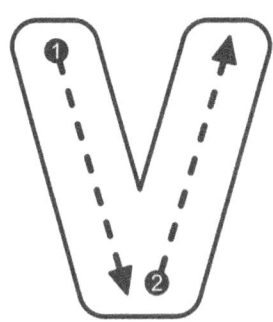 is for Violion

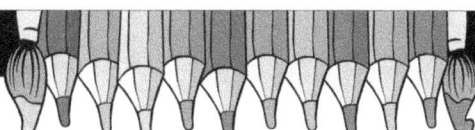

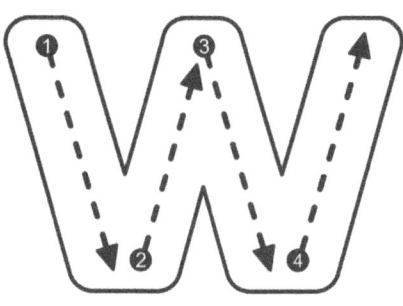

is for
watermelon

a b c d e f g h i j k l m n o p q r s t u v w x y z

 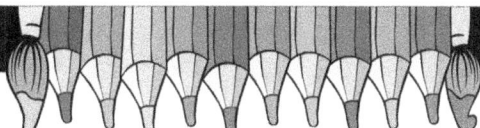 

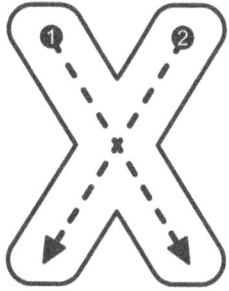

is for
X-Ray Fish

a b c d e f g h i j k l m n o p q r s t u v w x y z

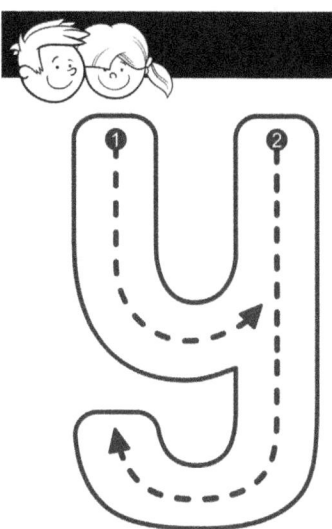 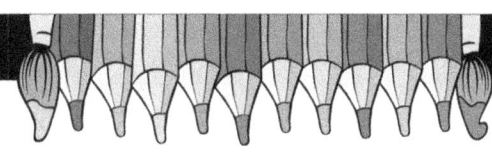 

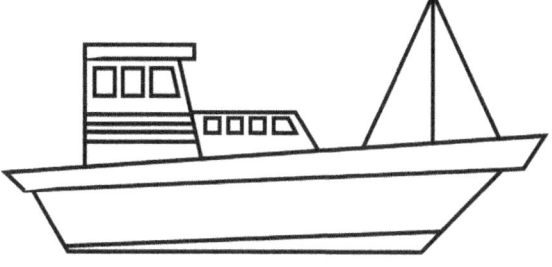

is for yacht

a b c d e f g h i j k l m n o p q r s t u v w x y z

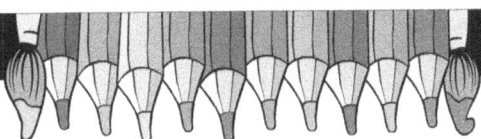

 is for zinnia

a b c d e f g h i j k l m n o p q r s t u v w x y z